老廣新游®

大话国笔下的古代广州城

新游南越國

DISCOVERING NANYUE KINGDOM

南越王博物院 著
大话国 编绘

广州出版社
GUANGZHOU PRESS

图书在版编目（CIP）数据

新游南越国 / 南越王博物院著 ; 大话国编绘. — 广州 : 广州出版社, 2023.10（2024.11重
ISBN 978-7-5462-3626-1

Ⅰ. ①新… Ⅱ. ①南… ②大… Ⅲ. ①南越(古族名)—民族文化—中国—图集 Ⅳ. ①K289-64

中国国家版本馆CIP数据核字(2023)第136458号

XIN YOU NANYUEGUO

新游南越国　南越王博物院　著　大话国　编绘

责任编辑：卢嘉茜　李佰幸
责任校对：李少芳
出版发行：广州出版社
地　　址：广州市天河区天润路87号广建大厦9楼、10楼（邮政编码：510635）
网　　址：www.gzcbs.com.cn
印　　刷：东莞市信誉印刷有限公司
地　　址：东莞市南城区水濂澎洞工业区一期C区（邮政编码:523000　电话：0769-22908199）
规　　格：889 mm×1194 mm　1/16
印　　张：9.25
字　　数：185千
版　　次：2023年10月第1版
印　　次：2024年11月第2次
书　　号：ISBN 978-7-5462-3626-1
定　　价：48.00元

如发现印装质量问题，影响阅读，请与出版社（020-38903510）联系调换。
售书热线：（020）38903520　38902649

序

广州，自古以来就是岭南地区的政治、经济和文化中心。其两千多年的城市建设历史可从丰富的考古资料和文献记载中得到证实。1953 年起，为配合城市建设，广州开始开展大规模考古发掘研究工作，其中秦汉考古是广州考古的重点工作，南越文王墓、南越国宫署遗址是广州秦汉考古的重要发现，具有极为重要的历史、艺术和科学价值，也是反映两广地区秦汉时期历史文化进程的代表性遗迹。

秦末汉初，中原战乱。原奉秦始皇之命驻守岭南的秦将赵佗为避战乱划五岭而治，于公元前 203 年建立岭南地区的第一个地方政权——南越国，以蕃禺（今广州）为都城。在南越政权的积极经营下，岭南地区实现了跨越式的大发展，为岭南文化最终融入多元一体的中华文化奠定了坚实的基础。

南越文王墓、南越国宫署遗址的发现发掘，为我们重现了两千多年前的南越国历史。南越国宫署遗址是广州历史文化名城的精华所在，其中南越国时期的大型石构水池在岭南地区尚属首见，曲流石渠遗迹是迄今为止发现的年代最早、保存较为完好的秦汉王家宫苑实例，入选“十一五”至“十四五”的国家大遗址保护利用专项规划。南越文王墓是南越国第二代王赵眜之墓，是岭南地区规模最大、保存最完好、随葬器物最丰富的大型彩绘石室墓。墓中出土文物 1000 多件（套），被誉为“岭南文化之光”。

2006 年、2012 年，由南越文王墓、南越国宫署遗址等组成的“南越国遗迹”和“海上丝绸之路 · 广州史迹”分别被列入中国世界文化遗产预备名单；2016 年，南越文王墓、南越国宫署遗址被国家文物局列入“海上丝绸之路 · 中国史迹”首批申遗遗产点；2021 年，南越王博物院建院揭牌；“广东广州南越国宫署遗址及南越王墓”入选“百年百大考古发现”。

2023 年是南越文王墓发现发掘 40 周年和广州开展大规模田野考古 70 周年。为了更好地呈现遗迹中所蕴含的历史信息，南越王博物院与大话国合作，以手绘形式生动呈现那一段遥远的历史景象，更鲜活地讲好南越国历史、宫苑营建、王宫生活、王墓奇珍和对外交往等故事。

《新游南越国》的出版，承载着博物馆人一个长久以来的不变心愿：希望有更多朋友喜欢历史文化，走进博物馆。

南越王博物院

2023 年 10 月

目录

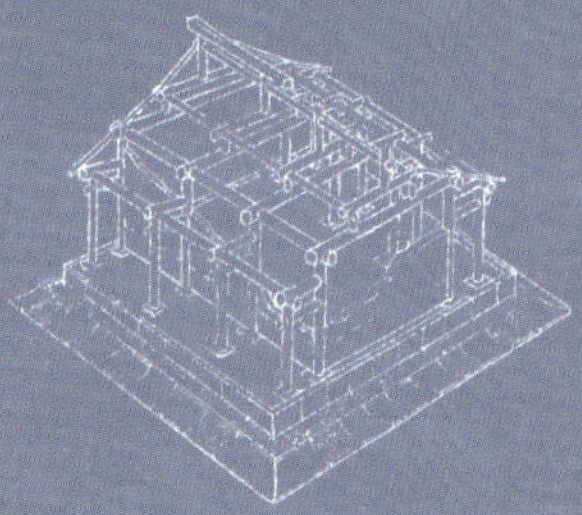

民国
清
明
元
宋
南汉
唐
南朝
晋
隋
西汉
南越国
东汉
秦

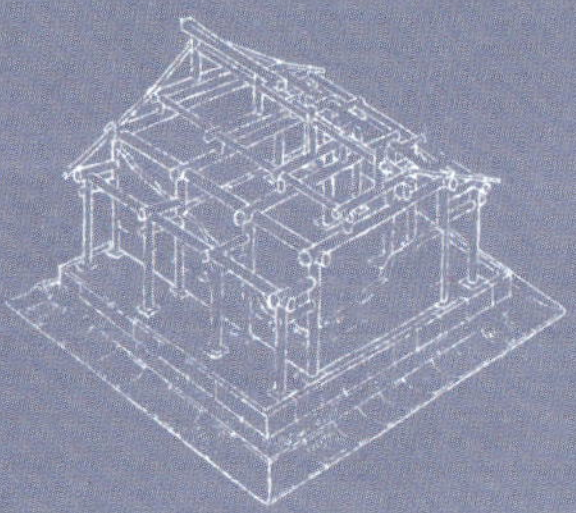

第一章
南越国的建立

两千多年前，秦末纷争之际，岭南地区建立了一个小王国，存在近百年，共传五代君王，至汉武帝时才被击灭。这个王国是岭南历史上第一个地方政权，是岭南文化的源头。历史的长河跨越千年的时光，让我们翻开浩瀚的史书，发掘古老的遗迹，一睹被尘封的光彩吧！

秦定岭南

公元前221年，秦始皇统一了六国，随后在公元前219年发动了开拓南、北疆土的战争。北面由大将军蒙恬带兵三十万把匈奴赶走。南面则派出五路大军攻打百越之地，但五岭山脉的险峻却让南征军遇到了难题。

为了成功打下岭南，秦始皇做了三件影响深远的大事。

大事一　修筑新道

为了进军顺利，秦始皇利用南岭山脉形成的自然路径，修筑了“通越新道”，一共有四条：自湖南零陵入广西全州，自湖南道县入广西贺州，自湖南郴州入广东连州，自江西大余入广东南雄。新道上还修筑了关隘，加强了岭南和北方地区的军事联系。

大事二　开凿灵渠

灵渠位于广西境内，连接了湘江和漓江，是世界上最古老的运河之一。灵渠挖通之前，粮草运输要靠人力、畜力翻越五岭，极其困难。将士们连饭都吃不饱，自然无心恋战。灵渠修好以后，大批粮草通过水路运往岭南，保证了大军的需求，使军队战斗力倍增。

大事三　招兵买马

《淮南子·人间训》记载，秦始皇为了攻打岭南，“发卒五十万；为五军”。这五十万大军里面，除了精通作战的精英，还有一部分是后勤士兵，有些是随军家属，有些是罪犯奴隶。他们负责背负行装，运送粮草军备等物资，满足军队各种需要。这五十万大军打胜仗后也顺便落户岭南，给岭南带来了充足的人口和中原的先进技术。

三郡而治

得到人力物力补充的秦军，终于在公元前214年平定了岭南。秦始皇随即设立了三郡，分别是南海郡（现在广东大部分地区）、桂林郡（现在广西大部分地区）、象郡（现在越南北部和广西部分地区），自此岭南地区被纳入中央版图之内。大将任嚣被任命为南海郡尉，管辖三郡；副将赵佗被任命为龙川令。

赵佗立国

然而大秦帝国虽然伟大，其命数却只有短短十五年。公元前 210 年，秦始皇东巡途中突然驾崩，由于秦朝一向的暴政和继承人秦二世的昏庸无能，天下开始大乱……

秦二世即位

秦始皇驾崩，本应由长子扶苏继承的皇位却被幼子胡亥篡夺。秦二世胡亥是个昏庸无能的君主，丞相赵高掌握实权。兴建阿房宫，耗费了大量人力财力，百姓怨声载道。

陈胜、吴广起义

公元前 209 年，朝廷征发九百多名贫苦农民去渔阳（今北京密云附近）戍守长城。途中因大雨滞留在大泽乡，而按照秦律，延误当斩。农民中的陈胜和吴广为了求生，就揭竿起义，反抗秦朝。顿时四方诸侯、豪杰并起，天下大乱。

楚汉相争

各路诸侯覆灭大秦王朝后，公元前 206 年，豪杰刘邦与项羽逐鹿天下，长达四年的楚汉之争开始了。

赵佗接任

天下动乱，波及岭南。此时，作为岭南最高统帅的任嚣却病重了。临终前，他特意把当时的南海郡龙川令赵佗召至榻前，嘱咐道："秦政无道，中原扰乱。番禺负山险，阻南海，东西数千里，颇有中国人相辅，此亦一州之主也，可以立国。"并表示若有一天，大秦垮台，南海郡还能拥兵自立。

咽气之前，任嚣指定赵佗接替自己的南海郡尉一职。

这件铜虎节出土于西汉南越文王墓，在虎节的正面有错金铭文"王命命车驲"。从铭文可知，这虎节是一件车马通关的信符。这是迄今为止发现的唯一的错金铭文铜虎节。

南越国全盛时疆域比岭南三郡略大，包括今天广东、广西的大部分地区，福建的一小部分地区，香港、澳门和越南中北部地区。

南越立国

公元前 203 年，赵佗兼并了桂林郡和象郡，重新任命了各郡郡守，又击溃了暴乱部族，排内忧除外患后，建立了岭南地区第一个地方政权——南越国。

南越国以番禺城为王都，占地千里，在天下动荡中真正安定了岭南大局。

番禺城，即今天的广州市。考古发现，南越国都城的主体东起旧仓巷，西至吉祥路，北界越华路，南达惠福路，东西长约 500 米，南北宽 800 米，面积约 40 万平方米。甘溪从城东西两侧流过，这种布局既是都城安全的需要，也为补充城市水源所需。

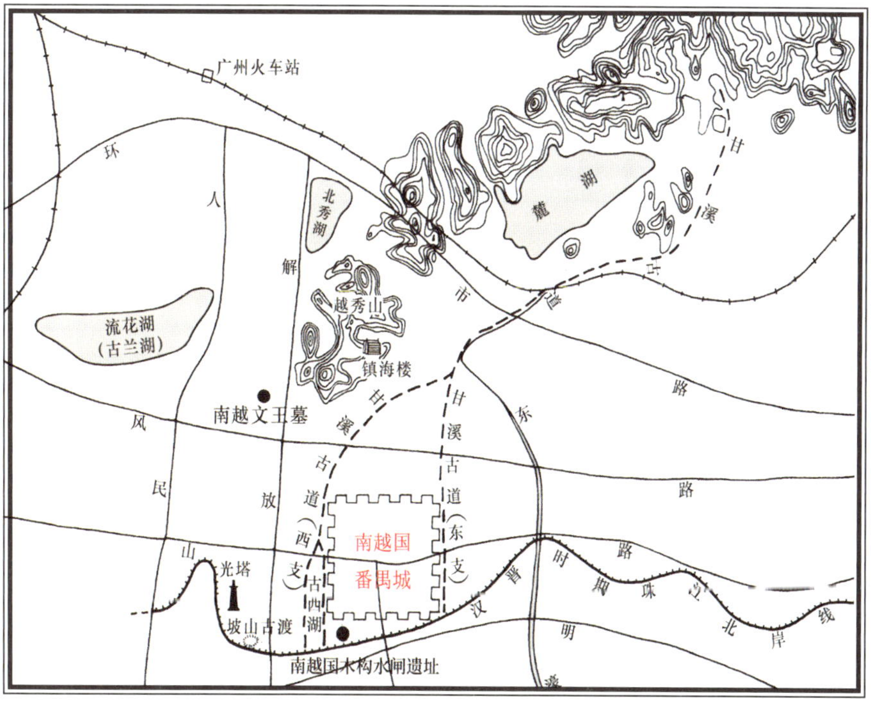

南越国都城番禺地形图

巧治百越

赵佗立国后，摆在他面前的首要问题是安抚民心，提升当地民众的生活水平。为解决这些问题，赵佗在政治、经济、文化上都采取了各种新政。而在重中之重的民族问题上，他更是提倡中原人与越人通婚，遵从越人习俗，越人“自治”等政策，史称“和辑百越”。

但治理“百越”并非易事。偌大的南越国，县城只有几座，户籍在册的百姓人数甚少。而越族土著虽多，却在丛林中过着原始生活，部落之间经常发生冲突，令当地百姓不堪其扰……

何谓百越

自古以来，中国长江以南均为“百越”之地，即现在安徽、浙江、江西、福建、湖北、湖南、广东、广西等地以及邻国越南一带。

当时的百越，远远落后于中原，有无数个小部落，它们各有姓氏，杂居共处，互不统属。究竟有多少个部落？估计没人统计过，而“百越”之“百”只是比喻非常多，其数以百计，只多不少。

百越风俗

巢居

《博物志》上记载“南越巢居”，其实巢居不是指像鸟一样在树上筑巢，而是建造一种适应南方气候的干栏式房屋，也叫作高脚屋。百越人构木而巢，上层住人，下层养家畜，这样的房子既透气凉爽，又能避免水淹和虫蛇进入。

黑齿

据《异物志》记载：“西屠国，以草漆齿，用白作黑，一染则历年不复变，一号黑齿。”越人中的黑齿民喜欢用植物色素把牙齿染黑，并以此为美。岭南“西屠国”就属于“黑齿国”的一支。

食蛇鼠蛤

《史记》记载，越人“饭稻羹鱼”；《山海经》记载，越人中的黑齿民“食稻啖蛇”。百越人喜欢吃鱼类及各种贝类，同时还把蛇、禾虫、青蛙、鼠类视为美食。虫、鼠不一定人人喜欢，而食用海鲜的习惯，则从秦汉时期延续至今。

断发文身

据《汉书》记载：“越方外之地，断发文身之民也。”《异物志》又记载：“雕题国，画其面及身。”越人不爱蓄发，民众更是在身上刺满各种花纹。中原人对这种风俗难以理解，甚至有些歧视。

穿　胸

《山海经》记载：“贯匈国在其东，其为人匈有窍。”从字面上理解，就是胸部有孔的人。但其实在炎热的南方，流行制作简单的衣裙，这种衣裙以两块布缝合，穿时从头上贯下，类似今天的T恤。中原人把穿这样衣服的族群叫作“穿胸民”。

鼻　饮

据《汉书》记载，越人“相习以鼻饮水浆”，原本可以用嘴喝水，却偏要用鼻来吸。鼻饮的饮料有水、酒、羹汤和果汁等。现代人觉得水会呛鼻，但在炎热多雨的岭南，鼻饮可以通窍醒脑、疗瘴防暑。现在越南的康族，有些老人还保留着鼻饮的习惯。

和辑百越

为了缓和越人的敌意，赵佗推行“和辑百越”的民族政策，一共有三招：

第一招，民族自治，选拔越族首领参政当官，让越族对南越国产生认同感。赵佗任用了越人吕嘉为丞相，还任其弟为将军。

第二招，入乡随俗，和越人平等共处，赵佗带头尊重和依从越人风俗习惯，并自称“蛮夷大长”。

第三招，鼓励通婚，使汉越民族初步融合。南越文王赵眜（mò）的右夫人就是越人。

蛮夷大长

《史记·南越列传》上有记载，赵佗给汉朝皇帝写信自称为“蛮夷大长”，大长即首领。赵佗在衣服、发型上也入乡随俗。他在首次接见汉朝使者陆贾时，就没有穿戴中原服饰衣冠，而是“椎结箕踞”，即头上梳着越人的椎髻，并席地盘腿而坐。

第二章
岭南大开发

岭南地区地理位置优越，土地肥沃，物产丰盛，先秦时期，越族人过着以渔猎为主的生活，基本还处于原始农业阶段。

南越国时期是岭南农业经济发展的重要时期，以赵佗为首的中原人带来了先进的工具、先进的生产方式，大大提高了岭南地区的农业水平。南越国统治的将近一百年的时间，可以说是岭南第一次大开发时期，岭南地区生产力水平跨进铁器时代，翻开了岭南历史新的一页。

开发岭南想象复原图
珠江
独轮车
卖鸡鸭
酱料店
木工
纺织
打铁
烧陶
卖陶罐
制砖
打水
制锚
草柳编

南越国时期是岭南地区第一次全面开发的历史阶段。

天时地利人和，岭南地区经济开始起飞。由中原输入的青铜器、铁器、马、牛、羊等生产工具和牲口，大大促进了本地的农业生产；随着大军南下的中原工匠，带来了先进的技术，促进了手工业发展；赵佗充分利用秦平定岭南时开辟的新道，大力发展与汉朝和邻国的贸易，推动了当地的商业发展。

稻米

广东人爱吃米饭，这种以大米为主食的习俗由来已久。岭南地区高温多雨，河流湖泊众多，适宜水稻生长。《史记》记载，古越族“饭稻羹鱼”，就是以米饭做主食、以鱼做羹汤。

南越国时期，赵佗从中原引进了大量的先进农具，不仅如此，南越国人民还培育了适合岭南气候的粮食品种。农业种植技术大大提升。南越国是否使用牛耕，是一个有待研究的问题。

为了照顾当年南征的五十万北方移民们的口味，南越国还种植了很多北方粮食作物。从广州、贵县及平乐的墓葬出土的小麦、大豆、赤豆、小米、蓖麻等作物来看，当时南越人民已经懂得了“种谷必杂五种”的道理，也就是说把不同作物种在一起，防止遇到灾害颗粒无收。

酿 酒

中原移民也带来了成熟的酿酒技术。南越文王墓出土了各式酒器，说明南越国时，酒浆有祭祀、宴饮、医疗等作用，已经渗透社会生活的许多方面。《汉书 · 食货志》记载：“酒者，天之美禄。帝王所以颐养天下，享祀祈福，扶衰养疾，百礼之会，非酒不行。”

不过那时以谷物酒为主，还未发明蒸馏法，酒的度数都比较低。以现代好酒者的眼光来看，大约都是淡酒、薄酒，想求一醉也不容易。

鎏金铜框玉盖杯

犀角形玉杯

瓜　果

岭南地区气候温暖、雨量充沛，中原移民利用这个有利的条件，栽培各种蔬菜与水果，丰富人们的食谱。

汉代的《盐铁论》上有记载，汉武帝时期，运到北方的橘、柚多到富贵人家都吃厌了，出现了“民间厌橘柚”的现象。《汉书 · 地理志》还说，汉代南海郡设有圃羞官，掌管岁贡龙眼、荔枝、橘、柚等珍果，可见这些果树在南越国时已经开始种植了。

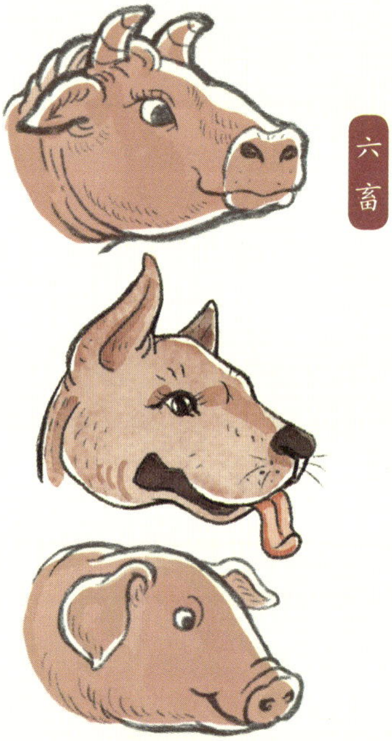

六　畜

古越族的肉食来源主要靠渔猎。秦定岭南之后，从中原带来了马、牛、羊等牲畜，岭南地区终于集齐了“六畜”。

所谓“六畜”，包括马、牛、羊、豕、犬、鸡，除了马是用来代步的，其余五种都可以吃。

中国是一个以农耕为主的国家，能经常吃肉的仅为少数贵族，至于普通百姓，年节及庆典才能吃上肉。所以汉代的《盐铁论》上指出：节庆之日，富者“椎牛击鼓”，中者“屠羊杀狗”，贫者“鸡豕五芳”。

鲤鱼

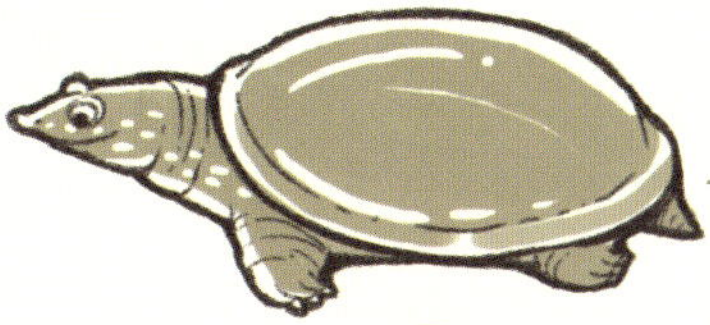

中华鳖

沟纹笋光螺

水产

南越国南面临海，境内河网众多，所以越人水性很好。他们善于利用船来进行渔猎，喜欢食用各种鱼类和贝类。南越国的墓葬中出土了大量贝壳、鱼类及鳖类的骨头便是佐证。

楔形斧蛤

铸铜

秦末汉初时期，青铜器铸造技术已十分成熟。但随着铁器的出现和冶铁技术的逐渐成熟，青铜器逐渐被铁器代替，后来只作为高级食具、酒具、礼器使用。

南越文王墓就出土了很多当时的日用青铜器，其中一些青铜器体形硕大、胎壁较薄，上铸各式繁杂花纹，工艺精美。

鼎烹

冶铁

岭南使用铁器时间较中原晚，秦平定岭南后，铁器才在岭南大量出现。正所谓“工欲善其事，必先利其器”。自秦以来，冶铁技术逐渐成熟，铁制工具也比青铜器更锋利耐用。但由于南越国铁矿资源稀缺，冶铁规模不大，所以铁器以及铁矿原料还是要从中原购买。

西汉初年，汉高祖刘邦死后，其妻吕后当权，关闭了汉与南越国贸易的关市，限制牛和铁器向南越国的输出。赵佗见状焦急万分，三次派使者去请罢此令，无果，便断绝了跟汉朝的臣属关系，自称南越武帝，正式称帝。

随着秦汉时期冶铁和制造技术的进步，铁质兵器也得到了广泛应用。在南越文王墓墓主赵眛身体两侧，出土了10把铁剑。它们以铁为芯，表面套装有木质剑鞘，再用丝绸包裹后入葬墓中。出土时，这批铁剑锈蚀严重，剑身与剑鞘不能分离。

铁钳

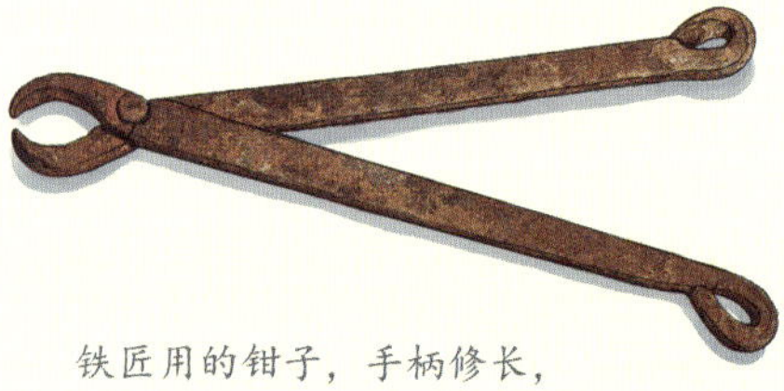

铁匠用的钳子，手柄修长，可以把铁夹到炉子里烧。

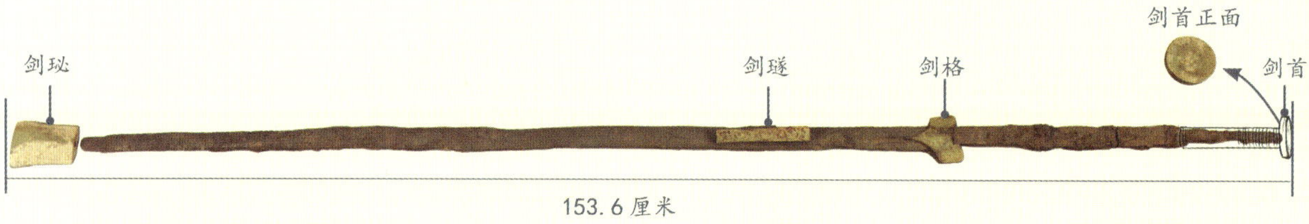

铁剑

这把铁剑出土于南越文王墓墓主赵眛的身体左侧，以铁为芯，现存146厘米。装上玉质剑首和剑珌后，长达153.6厘米，是目前考古所见汉代最长的剑。南越王佩剑以玉装饰，剑首、剑格、剑璏、剑珌齐全，是最高等级的用器。

铁斧

砍削工具，用于伐木、劈柴等。

铁锸

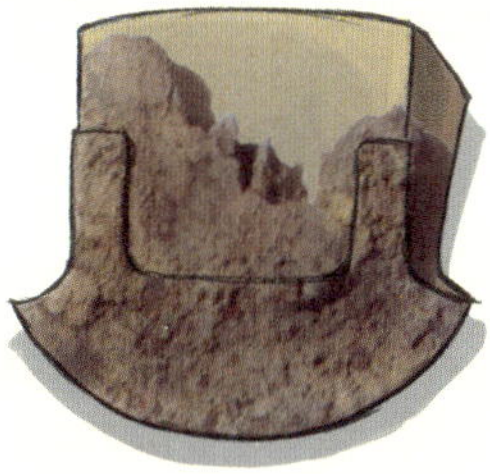

秦汉时期，锸是一种最流行的农具，它具有多种用途，如翻土、掘坑、开沟，但最基本的用途是起土。

铁镰刀

收割庄稼和割草的工具。

铁削

古人在简牍上写字时，如有错字，则以刀削之，故古时的读书人及政客常常随身带着刀和笔。因刀削笔写，历代的文职官员也就被称作“刀笔吏”。

商 业

秦平定岭南后，统一的度量衡制度也在岭南实施，南越国与中原地区贸易更为顺畅。

中原自商鞅变法以来就实行“重农抑商”的政策，秦和西汉沿用。然而赵佗却相当重视商业贸易。因此，南越国时期，岭南的商业也得到很大的发展。

先秦时期古越族没有金属铸币，秦统一岭南后，一种中原常用的“半两”钱币流通至岭南。直至南越国灭亡，南越人也没有铸自己的钱币。又因为钱币有限，南越国除了国都、县城等交通发达的地区之外，大多数边远地区还是以物易物。

当时流行用钱币陪葬，但在广州发掘的两百多座南越国时期的墓葬中，却只有十座墓出土了“半两”铜钱。由此可知钱币当时在岭南的流通状况。

秦汉半两铜钱

文化启蒙

古越族本没有自己的文字，语言也跟中原人不同，这样阻碍了文化交流。于是赵佗开始兴教办学，推广中原文字语言，又令中原人与越人一起居住、生活，使二者沟通无障碍。

南越末年，丞相吕嘉（越族人）作乱时，曾写了篇文章来为自己辩解。文章是用汉文书写的。由此亦可见，南越国时，越族的官员也能读写汉字。

汉字就像一座连接汉越两族的桥梁，它的传播使岭南地区文化水平迅速提高，是岭南地区迈向文明社会的重要一步。

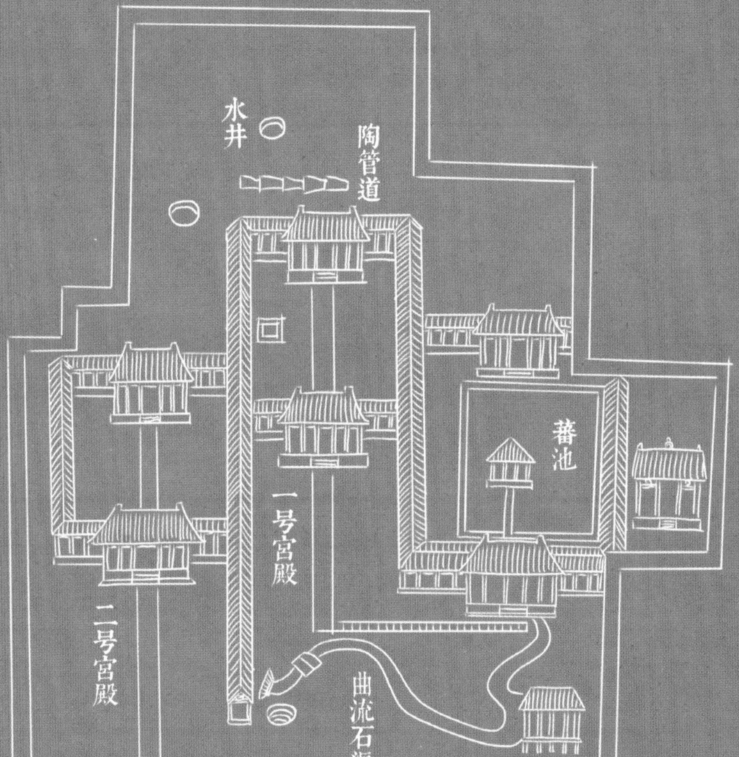

水井
陶管道
蓄池
一号宫殿
二号宫殿
曲流石渠

第三章
南越王宫

赵佗建立南越国后，在国都番禺大兴土木，修建御苑和宫殿。两千多年后，在广州市中心地底下，发掘出南越国王宫的遗迹。尽管目前只清理出王宫的东边部分，但已经可知王宫由御苑和宫殿两大部分组成，有着丰富的城市遗迹，被专家誉为“东方的庞贝古城”。

宫殿议政

宫城西部为宫殿区，即办公区，是南越王接见朝臣和批阅奏折的地方。目前已发掘出宫殿两座、连接宫殿的廊道和砖石走道、北宫墙等重要遗迹。

南越国沿用着秦朝的郡治和官职。文官制度分为中央官制和地方官制，军队设将军、校尉等各级军衔，官员的朝服也是沿用的秦制。

当时流行“深衣制”，即上衣与下裳连在一起的长衣服。衣领部分通常用交领，领口很低，以便露出里衣。如穿几件衣服，每层领子必露于外，最多的有三层，时称“三重衣”。

很多人以为深衣全都是长长的、拖地的衣服，但其实武将为了打仗方便，通常穿的是短曲裾深衣，衣长一般到膝盖。袖子虽然宽大，但袖口收紧。

南越王宫想象复原图

王宫格局

南越国的王宫位于其都城北部，是南越王室的政治中心。王宫北枕越秀山，南临珠江水，属于背山面海的风水格局。从目前考古发现来看，宫城的西部是宫殿区，东部是御苑区。

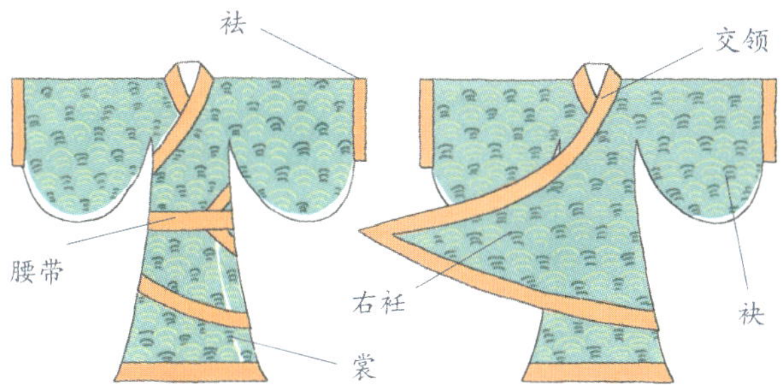

深衣分为曲裾和直裾两类。

曲裾前襟多出一部分，穿时绕至后背。秦汉初期，裤子设计简陋，为了避免“走光”而失了礼仪，自然要把衣服下摆多绕几圈，当穿在女子身上时，倒有了一种别致的风格。

后来服装得到改善，更方便、更省布料的直裾逐渐取代了曲裾。

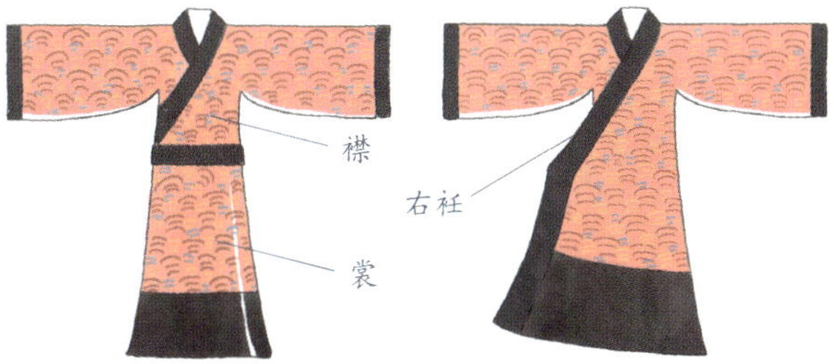

御苑游玩

宫城东部为御苑，紧邻宫殿区，御苑景观由蕃池与曲流石渠等组成。这里景色优美，是游玩的好去处。当年的王室贵族，很可能就坐在石渠两岸，玩着类似“曲水流觞”的游戏。

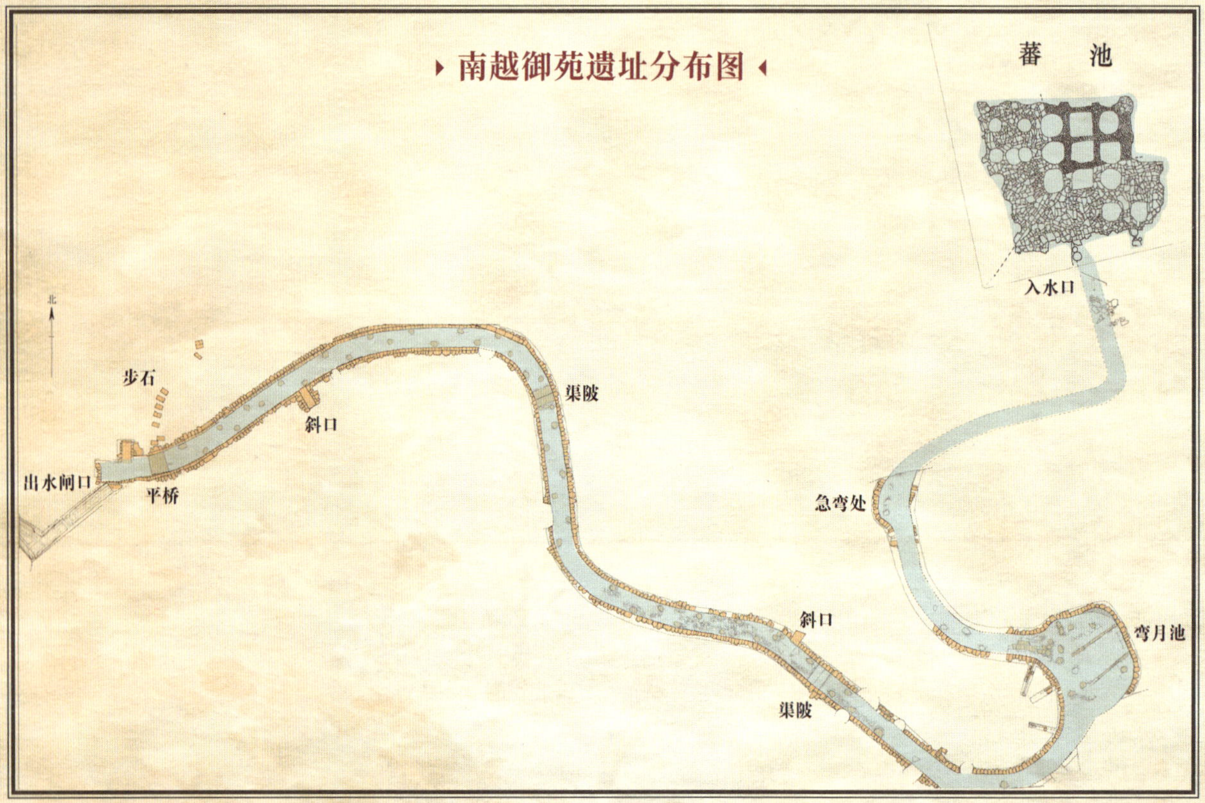

蕃　池

考古人员在王宫东侧、御苑北部发现了一座石构水池，目前已发掘了西南一角，经过钻探，发现水池的总面积达到四千平方米，目前大部分还被压在现代建筑之下。（四千平方米约是十个标准篮球场的面积哦！）

以城之名

广州在南越国时叫作“蕃禺”，简称“蕃”。考古学家在水池池壁上发现了一个石刻的“蕃”字，又在出土的南越木简上发现“蕃池”的字样，因而推断这座石构水池就是“蕃池”。

番禺由来

现在提起“番禺”，大家都会首先想到广州市的番禺区。但其实“番禺”这个名字由来已久，是广州在古时候的名字。除了王宫的出土文物，南越文王墓也出土了铸有“蕃禺”二字的汉式铜鼎。考古学家麦英豪在《广州城始建年代考》中提及，秦至汉初，番禺的“番”，写作“蕃”，即番蛮、蛮夷之意；禺则指边远之地。秦汉之前，番禺一带僻处岭南，中原汉人视之为边远的蛮夷之地，故以此为名。

汉式『蕃禺』铜鼎

南越国宫署遗址出土“蕃”字石刻

形状结构

蓄池是个斗状的水池，底部铺砌了碎石和卵石，池壁则用砂岩石板以冰裂纹状铺砌。这种冰裂纹采用密缝砌法，要在现场根据实际尺寸来加工石板，这样接合的缝隙才吻合，可见当时工匠的工艺水平已经相当高超。

蓄池一角想象复原图

园林意境

根据蓄池的位置和规格，可以推测蓄池是王宫内蓄水的池沼，其储水量很大，甚至可以划船游玩。

在蓄池底部清理出很多建筑构件，这证明当时蓄池中有过建筑物。而这种建筑理念很可能源于秦汉时期流行的“一池三山”园林造景模式。

一池三山

传说东海有蓬莱、方丈、瀛洲三座神山，山上有仙人和长生不老药。对此深信不疑的秦始皇派人去东海求仙未遂，只好在自家园林的池中模仿修建起海上三座仙岛，后来“一池三山”的造景模式就渐渐在贵族间流行起来了。

石渠构成

曲流石渠艺术地再现了自然界的山谷溪涧，可见秦汉时期的理水手法和造园技艺已经达到相当高的水平。

挡　墙

渠壁上方设有一种挡墙，由石块和石板向外拓宽砌成，是为防止雨水将泥沙带入渠内，保证渠水清澈而特设的防护墙。

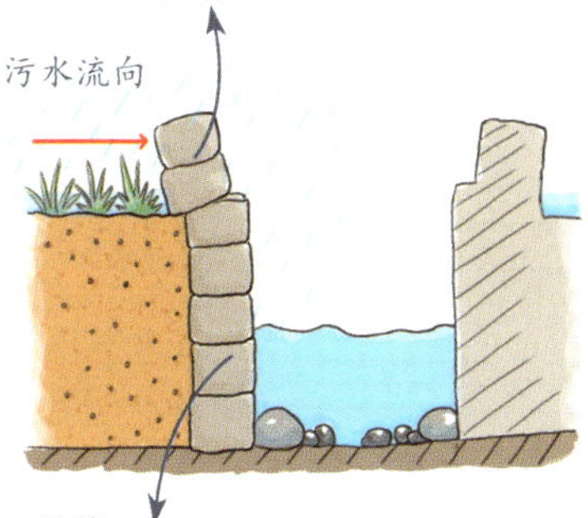

平桥、步石

曲流石渠西端尽头处铺有石板平桥，岸上有步石连通；现在仅余北边一段九块步石，步距为0.6米，证明古时工匠的设计非常符合现代人体工学的理念。

回　廊

曲流石渠西端有一条回廊，位于宫殿区与御苑区之间，既是二者间的通道，也是赏景休憩的地方。

出水闸口

出水闸口设在石渠西端尽头，闸口分两层，靠近水渠的一层是可以放置木板调控水量的凹型方框，外层是砂岩石板打凿而成的石箅。闸口外接廊道下的地下木暗槽，向西部延伸连入宫殿排水系统。

曲流石渠

曲流石渠位于蕃池南面，长达180米。水从白云山流入蕃池，经过曲流石渠，最后流入珠江。

曲流石渠模仿大自然的溪流，回环曲折，充满着流动之美。

石渠的曲折变化把长廊、步石、平桥连在一起，使人有步移景换的感觉，充满“来溪谷之流，饰曲岸之际”的汉代审美意识。

渠　陂

水流翻过渠陂时会掀起涌浪。在枯水期，渠陂还能截留一部分水，防止渠底干涸，供龟鳖和鱼生存。

掀起涌浪

枯水期

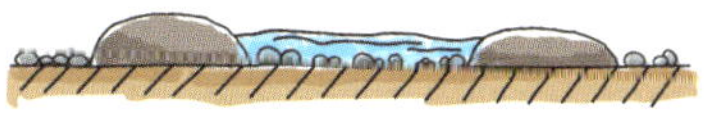

斜　口

沿渠共有三处斜口——在渠壁处斜置一块大石板，通向渠底——方便龟鳖爬出水面。

急弯处

当时工匠处理急弯的方法是：将外弯受力的西侧渠壁设计成直立的，而内弯的东侧渠壁则设计成大角度倾斜的。这样既可以保持水的流速，也可以使水流产生旋涡，发出声响，增加了水景的趣味性。

渠　底

散布渠底的大砾石能使本来平静的流水产生优美的涡流和浪花。

渠底用砂岩石板作密缝冰裂纹铺砌，其上铺有一层密密的灰黑色河卵石，当中还用黄白色的大砾石呈“之”字形疏落点布。

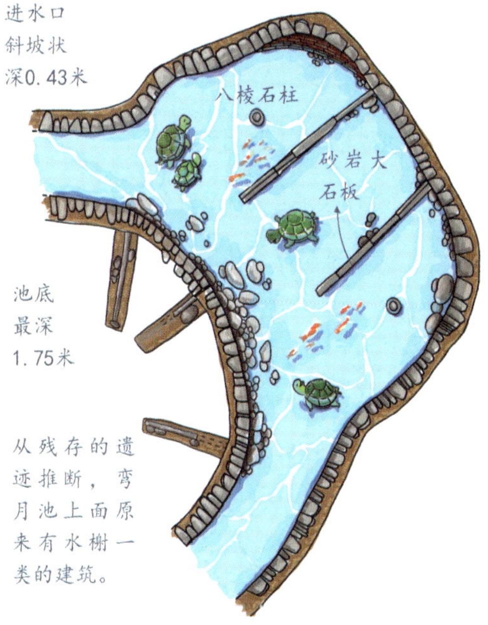

从残存的遗迹推断，弯月池上面原来有水榭一类的建筑。

弯月池

当水流转过急弯，流入弯月形水池时，水面宽度加大数倍，渠底加深，水流速度显著减缓，水中的泥沙因而在此沉积，十分适合龟鳖栖息。考古发掘时就在这里发现了大量龟鳖残骸。弯月池让流水在激跳奔驰后，在这里“歇歇脚”。

石渠遗迹

现在，我们在南越王博物院（王宫展区）里，沿着遗迹上的栈道漫步，就能欣赏到原汁原味的千年遗址了。

①曲流石渠遗址全貌
②曲流石渠渠底
③弯月池
④平桥和步石
⑤斜口
⑥曲流石渠渠壁及挡墙
⑦急弯处
⑧渠陂
⑨出水闸口

‣宫苑理水‣

南越御苑这套庞大的水景系统每天都会消耗很多清水，光靠天然降雨和水井是无法维持的，旱季时很容易干涸。而园林水景如果没有外来的清澈水源不断注入，也容易发黑发臭，成为一潭死水。那么，蕃池之水从何而来？曲流石渠的水又去往何处？

据考古研究，蕃池的水来自白云山蒲涧的甘溪，此地因盛传有“仙药”九节菖蒲而得名，水质极佳。引入宫苑中的甘溪水，除了供给园林水景，也是宫廷用水的主要来源。

蕃池之水由木暗槽流入曲流石渠，然后通过石渠西端尽头的出水闸口进入地下木暗槽，汇入宫殿排水系统，最后排入珠江。

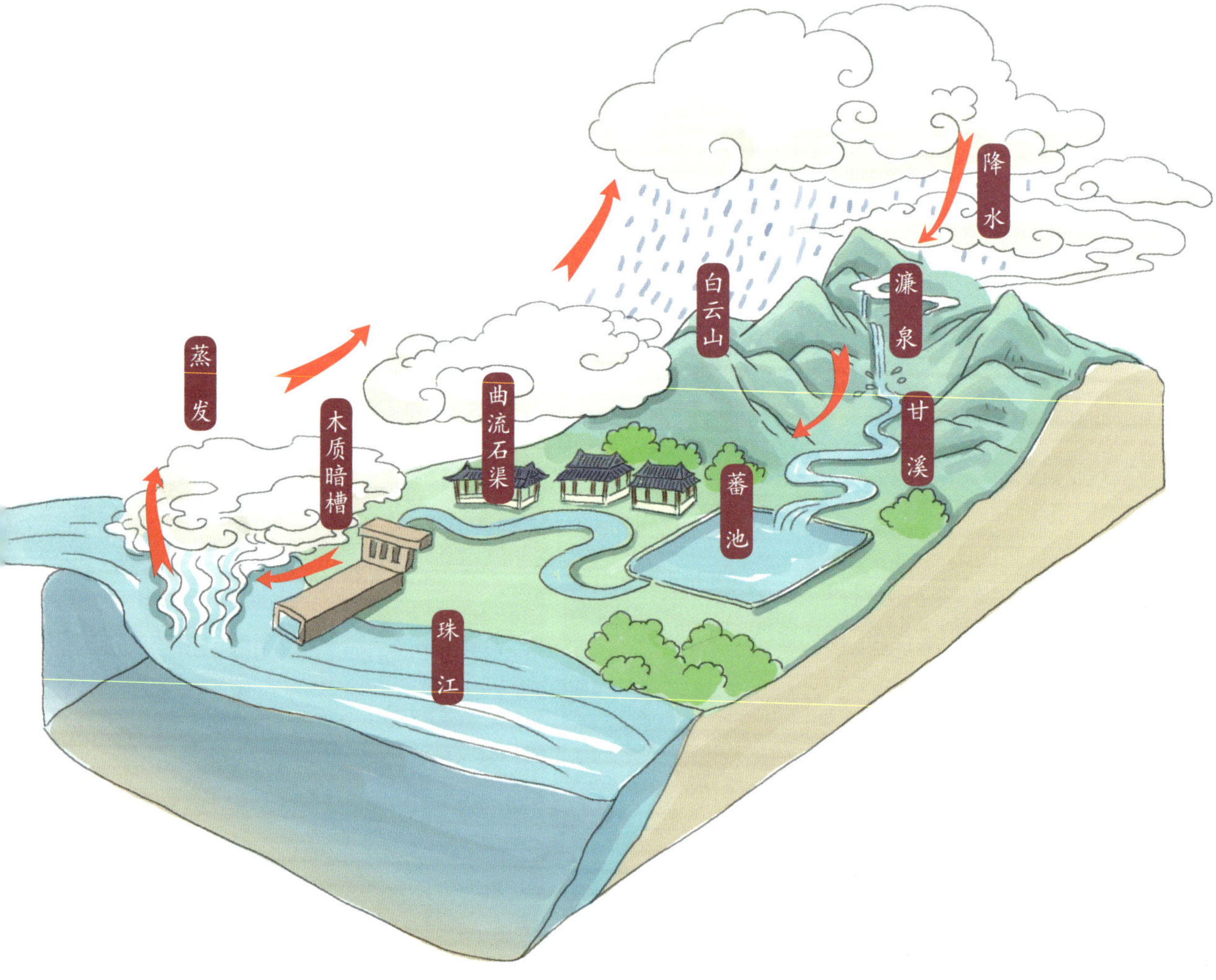

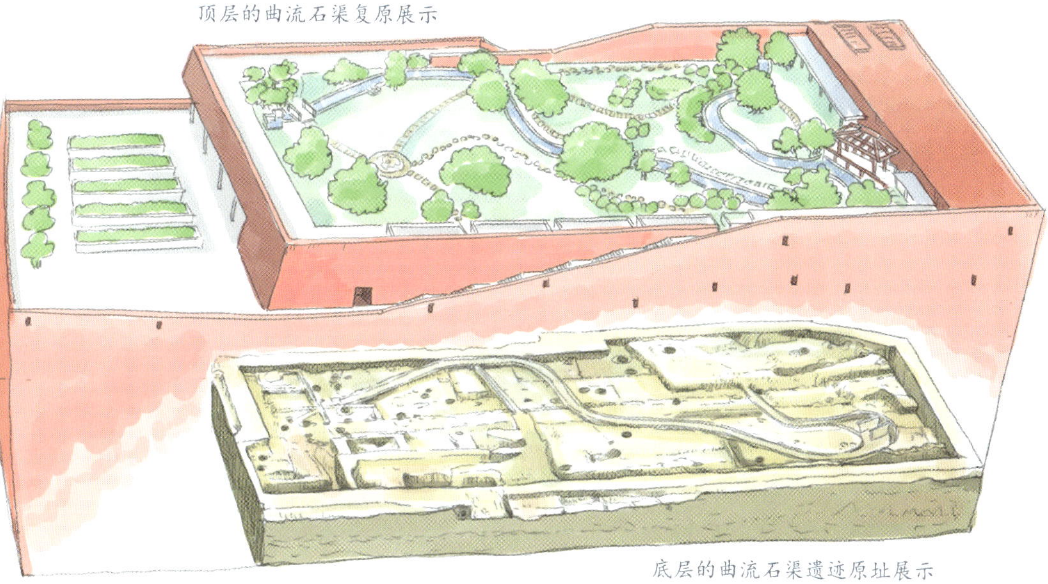

顶层的曲流石渠复原展示

底层的曲流石渠遗迹原址展示

今昔对照

两千多年后的今天，昔日繁华的宫殿城墙、优美的王宫花园早已成为深埋地底的废墟。所幸的是，经过考古队的努力，曲流石渠遗迹被完整地发掘出来。经过多年的研究，如今展现在观众面前的，除了地底的遗迹，还有其上方完美重建的御花园与南越王博物院（王宫展区），参观者在地下看完原汁原味的曲流石渠遗迹后，再到楼顶花园，还能看到一条模拟复原的曲流石渠。参观其中的小桥、步石与亭台楼阁，观众可以体会两千多年前的南国园林风情。

王宫生态

我国造园历史悠久，早在商周时期，帝王已开始大举营造宫室池苑。南越国宫署遗址是一处首次在考古学上为人们提供了保存得较为完好的秦汉宫苑实例，因此显得弥足珍贵。

岭南大部分地区夏长冬短，终年不见霜雪，加上雨水充沛，所以林木茂盛，四季常青，百花争艳，各种果实终年不绝。动物种类较多，是全国动物最繁盛的地区之一。

南越国宫署遗址出土了大量植物种实和动物残骸，植物有四十多种，动物则近二十种，堪称岭南最早的自然公园。

秦汉时期的皇家宫苑，除了种植了大量的植物以外，还圈养着动物，供帝王观赏或打猎之用，增添野趣，南越王宫的御苑也不例外。

考古人员曾在南越国宫署遗址发掘出两千多年前的梅花鹿角，对照木简的记载，推断南越王宫中曾饲养梅花鹿。龟鳖也是园林水景里的常客，用途广泛，不仅能看能吃、寓意吉祥，甚至还可用于占卜凶吉。

当然，除了这些可爱的小动物，王宫里也会养一些猛兽，南越国宫署遗址出土的大量动物遗骸中甚至有熊、鳄鱼和豪猪的。

冬瓜种子

葫芦科种子

葡萄种子

葡　萄

南越国宫署遗址出土的葡萄，有可能是本地的葛藟葡萄，也可能是通过海上丝绸之路登陆岭南的西域葡萄。

罗浮柿种子

罗浮柿

罗浮柿，又名山柿，罗浮柿树的木材可制成防水布。果实圆形，肉少，可入药。

甜瓜种子

甜　瓜

在南越国宫署遗址的渗水井里发现了甜瓜籽，甜瓜是中国土产水果。

杨梅种子

杨　梅

汉代出使南越的名臣陆贾在《南越行纪》上提及：“罗浮山顶有湖，杨梅山桃绕其际。”时至今日广东的罗浮山区仍是杨梅的著名产区。

荔枝种子

荔　枝

早在西汉初年荔枝就已经是珍奇名贵的水果了。

王宫御苑想象复原图

奇花名草集萃

南越国宫署遗址出土了稻谷与粟等农作物，还出土了冬瓜等蔬果类种子，这些植物有一部分是从宫外带入的，也有一部分是御苑内种植的，如冬瓜、甜瓜等。当时御苑中遍植果树，以模拟田园景观，平添几分农田野趣。

御苑的花木种类，按用途来分，大概可以分成：

好看的：桃、梅、山鸡椒、假牵牛等。

好吃的：水果有荔枝、杨梅、橄榄、乌榄、南酸枣、罗浮柿、苹果、甜瓜、葡萄等。蔬菜有冬瓜、葫芦、紫苏等。

遮阴用：杜英、构树、榕树、樟树等。

从出土的植物遗存中可以想象，当年的南越王宫，可以说是奇花名草的集萃之地。

六山纹铜镜

这面铜镜出土于南越文王墓西耳室，以六个“山”字为主体纹饰，以浪花形的羽状纹为地纹。“山”字纹镜是典型的楚式镜，说明南越国和楚地的关系十分密切。

铜提筒

铜提筒是一种贮酒器，是南越文化的代表性器物。目前全国出土的20余件铜提筒中，南越王墓就占了9件之多。

陶五联罐

陶五联罐，又称五味罐，是典型的南越国器物，在广州的不少汉墓都有出土。考古人员曾经在这种罐子里发现酸梅核，说明它有可能用于盛放不同味道的食物。可见当时人们的饮食已经十分讲究。

金扣象牙卮

卮是汉代常用的饮酒器。原象牙部分已腐朽，经复原成现状。器身针刻神兽，并染填朱、蓝色。这种汉代针刻填色的象牙制品，在全国尚属首次发现。可见广州借海上通商发展牙雕业出现甚早。

铜　盉

铜盉为酒器，底下有三足，嘴呈鸟头状，出水口即鸟嘴，倒酒时可自动开合。

宫殿和廊道

2000—2009 年，南越国宫署遗址内陆续在汉代地层清理出了南越国的一号宫殿、二号宫殿、一号廊道、砖石走道和北宫墙等遗迹。

一号宫殿遗迹

北宫墙

南越国北宫墙墙基南北宽 4 ~ 4.5 米，用红黄土夯筑（夯筑：将土一层层砸实），夯层清晰。墙基南侧局部保存有用卵石铺砌的散水，宽约 1.2 米，北高南低。出土的散水之上又覆压有倒塌的夯土墙及绳纹板瓦、筒瓦、“万岁”文字瓦当等，从而推断出宫墙的墙头上原有瓦垄遮护。

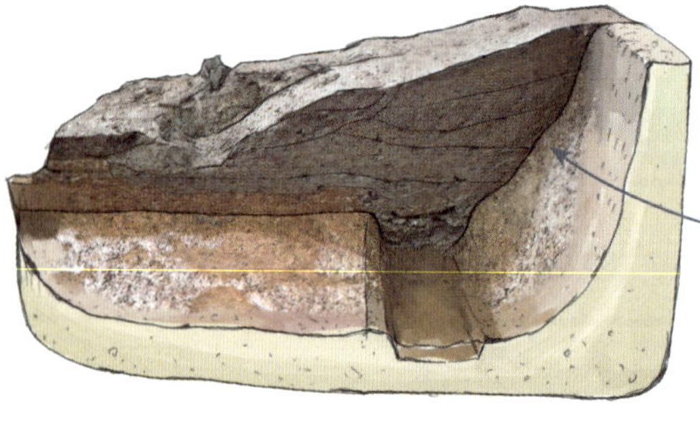

北宫墙基剖面图

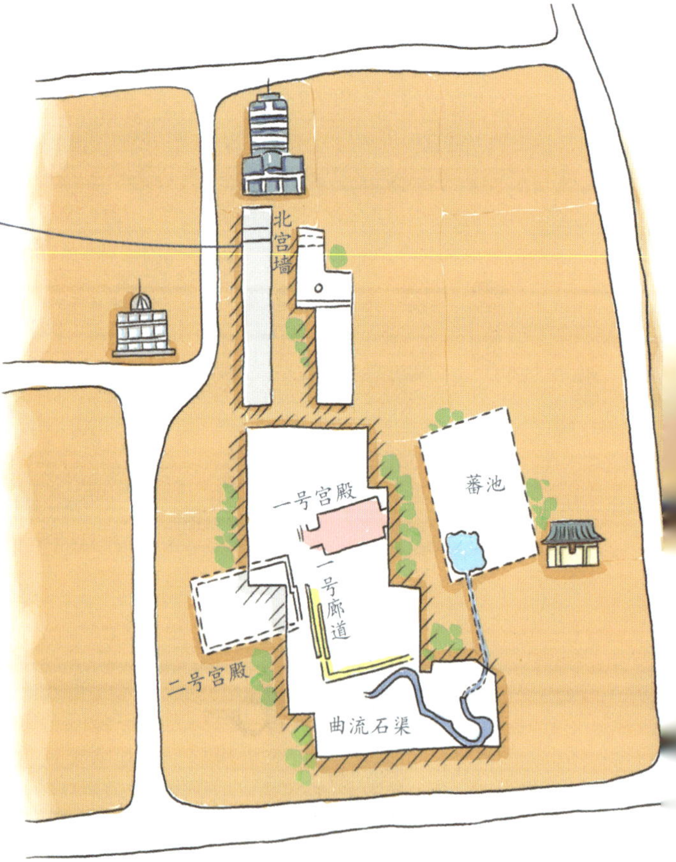

一号宫殿

一号宫殿在蕃池西侧，坐北朝南。平面呈长方形，面积四百多平方米，比一个标准篮球场稍大一点。经过两千多年的风霜，上方建筑已不复存在，但还保留有柱础石、各式烧砖和经火烤的活动硬面。台基东西两侧有入殿通道。

一号廊道

王宫内的宫殿由长廊连接，目前发现一号宫殿和二号宫殿之间的廊道。该廊道为南北走向，南面连接着砖石走道。长廊和走道构成了王宫的交通网络，四通八达。

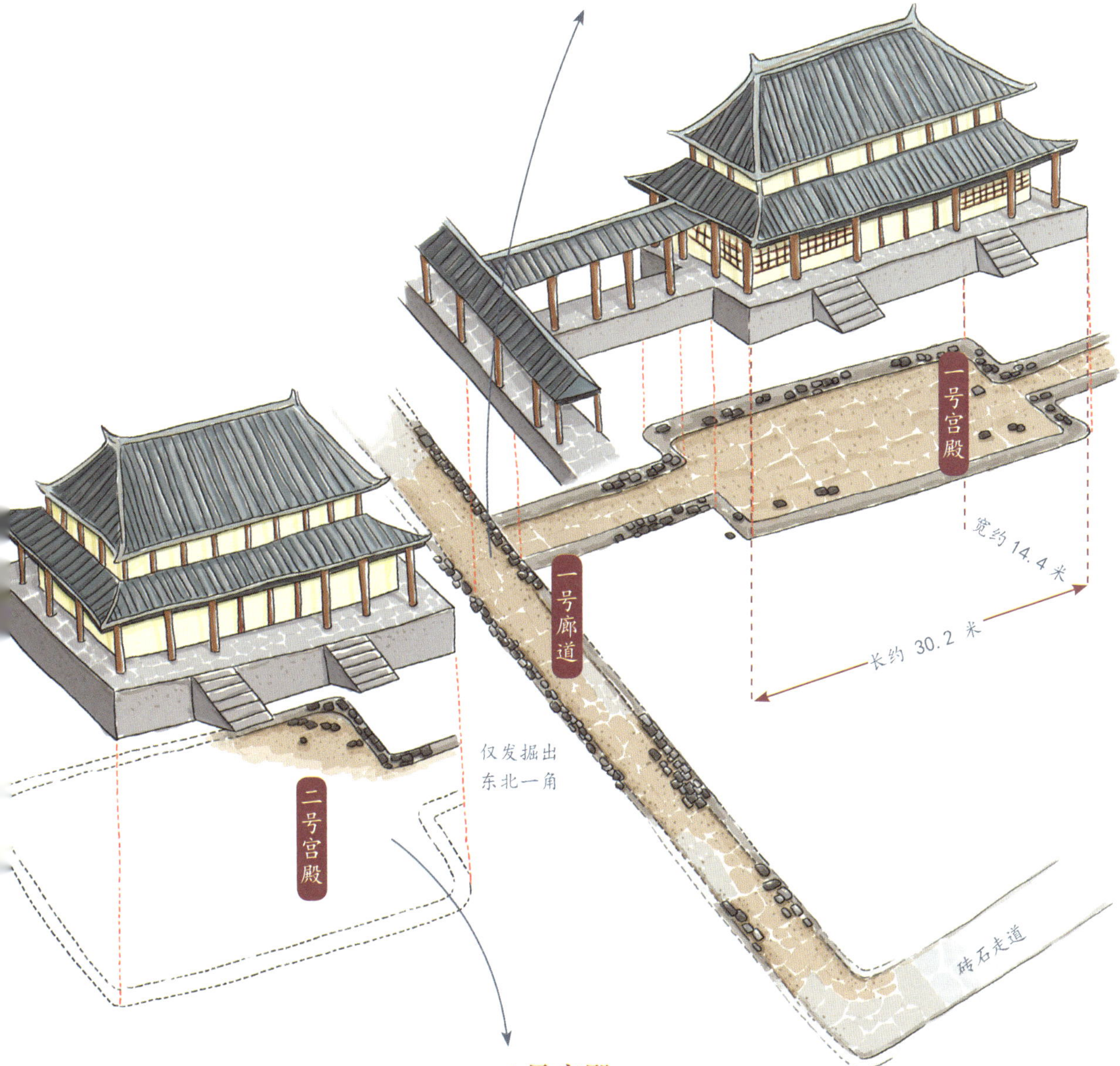

二号宫殿

二号宫殿位于一号宫殿西南方，目前只发掘出东北一角。考古专家把这个宫殿称为“华音宫”。据考证，华音宫这个名字是有由来的。

宫殿命名

南越国宫殿有两种命名方式，一种是南越国自创的名称，另一种是效仿西汉长安城的宫殿名称。

“未央”戳印陶片，南越国宫署遗址出土，印面长 2.2 厘米

“长乐宫器”陶瓮，南越文王墓出土

“长秋居室”陶瓮，广州淘金坑 16 号墓出土

“华音宫”陶提筒盖，南越国宫署遗址出土，印面长 2.8 厘米

南越自创

在二号宫殿发掘出的陶器碎片，让专家推测出这个宫殿的名字“华音宫”。

汉朝建立以后，汉高祖刘邦派使者陆贾南下，封赵佗为南越王。赵佗老家在恒山郡真定县（现在的河北正定县），陆贾的到来，让他听到了久违的乡音。

《史记》中记载：“乃大悦陆生，留与饮数月。曰：‘越中无足与语，至生来，令我日闻所不闻。’”这句话的意思是赵佗非常喜欢陆生（陆贾），留下他和自己饮酒作乐好几个月。赵佗说：“南越人当中没有一个和我谈得来，你来到这里之后，才使我每天都能听到过去所未曾听到的事情。”

于是赵佗以“华音”来命名宫殿，表达他的乡愁与喜悦。“华音宫”这个名字目前未见于史书以及其他考古遗址，可能为南越国独创。

效仿长安

《汉书》记载：“而藩国大者，夸州兼郡，连城数十，宫室百官同制京师。”在汉代初期，诸侯国的宫室和京师是相同的。汉长安城的宫殿中，有两个主要宫殿：未央宫、长乐宫。未央宫是皇帝朝会诸侯群臣的场所；而长乐宫则是皇帝办公和帝后居室所在，长乐宫内有一殿叫作“长秋殿”。与汉室皇宫相同，这些宫室名称也都出现在南越国时期的陶器上，可以推断南越国的宫室建设制度也是仿效汉代京师的。

汉代长安城宫殿分布图

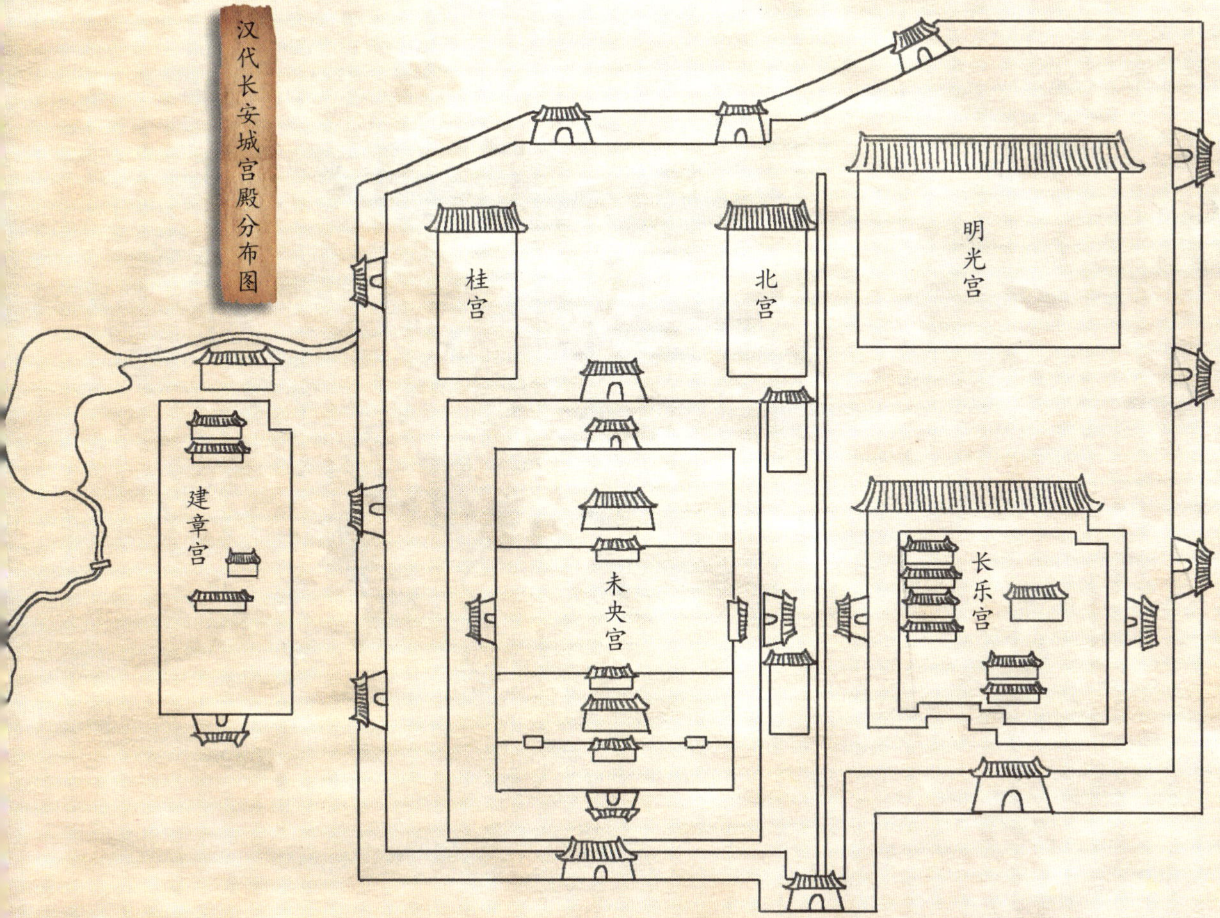

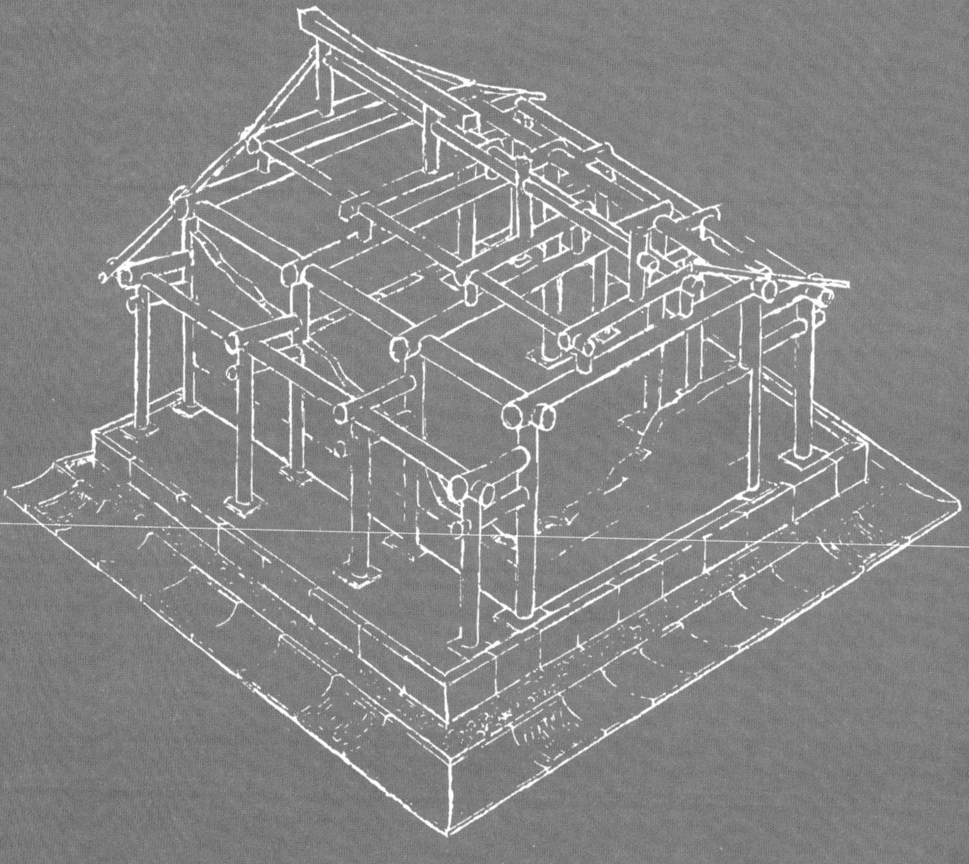

第四章 王宫的建造

“秦砖汉瓦”是对我国秦汉时期建筑成就的高度概括。南越国宫殿的建造及所用建材的制作，无疑是出自中原工匠之手。南越王宫的砖瓦规格多样，制作精良，既与中原文化一脉相承，又具有明显的地域特色。两千多年过去，这样辉煌的宫殿消失在历史长河之中，只留下无限的遗憾和遐想，待后人解读。

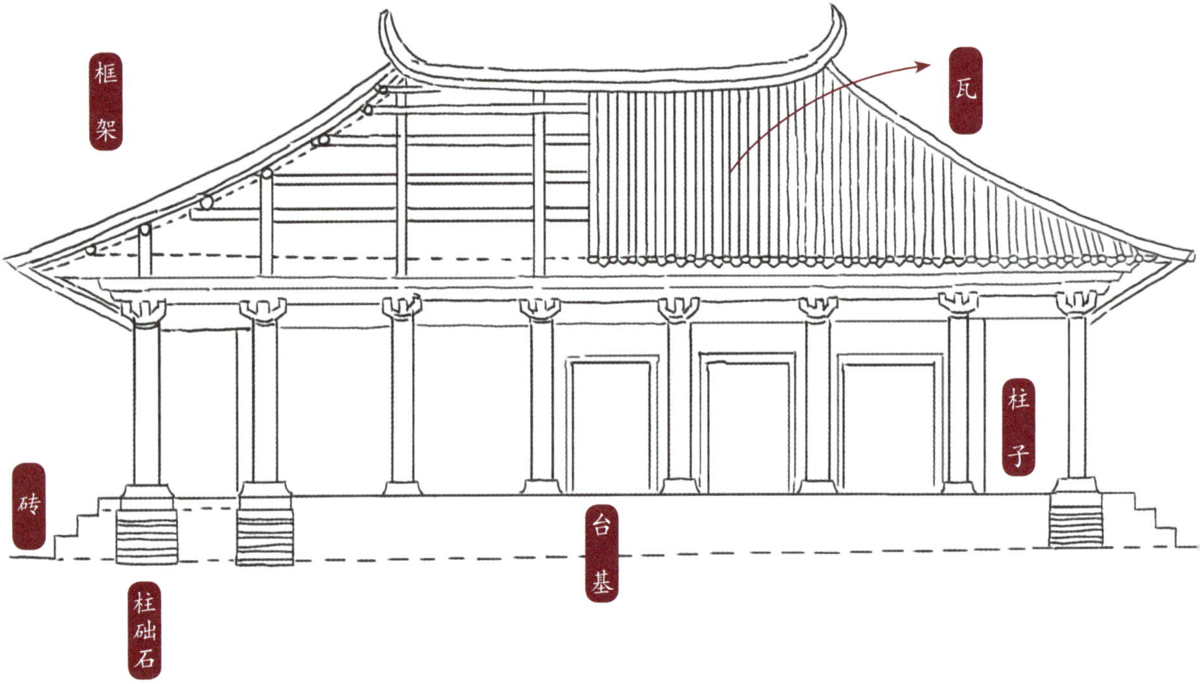

中国所有的传统建筑，都保留着三个基本要素：台基、柱框与墙身、屋顶，南越国王宫亦是如此。

台基是一座房屋的基础，需要坚实稳固。柱框部分要支撑沉重的屋顶，屋顶的重力通过竖立的柱子传送到平稳的台基上。屋顶则是中国古代建筑最具特色之所在。

台基

台基又叫基座，不仅能支承建筑架构，又利于防潮，还能使建筑物显得雄伟庄重。中国一些重要的传统建筑物，如天坛祈年殿、故宫太和殿等都建在三重台基上。

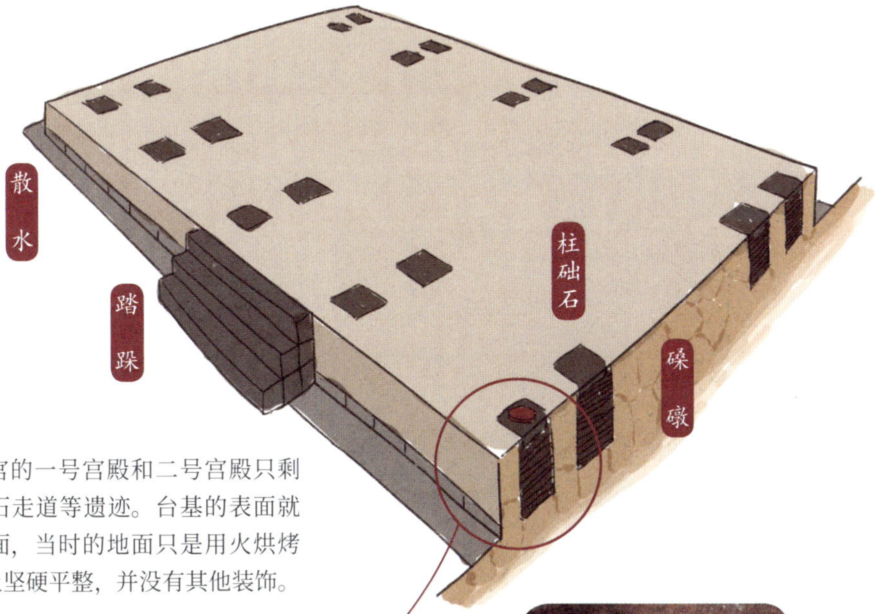

南越王宫的一号宫殿和二号宫殿只剩下台基和砖石走道等遗迹。台基的表面就是宫殿的地面，当时的地面只是用火烘烤表面，使泥土坚硬平整，并没有其他装饰。

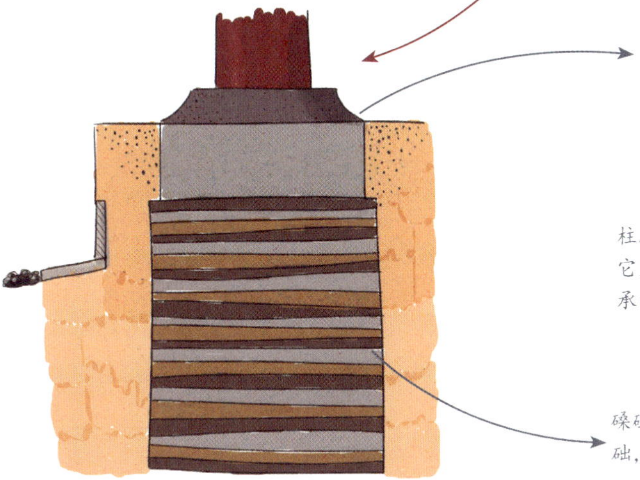

柱础石：承柱的础石、柱下的基础。它是古代建筑中用来支撑大柱子、承受屋柱压力的基石。

磉礅：古代建筑柱础石下的夯筑基础，是支撑柱础石的独立基础砌体。

磉礅由黏土、砂石粉和碎砖瓦块逐层夯筑而成，多达二三十层，通过重物夯打，让它足够坚实，可以承托柱础石。

特大方砖

砖作为建筑材料由来已久，但我们常见的砖墙一般是明清时出现的。在南越国时期，砖的主要作用是组成散水和作为墙边装饰。

秦代的砖素有“铅砖”美誉，体量巨大，装饰华丽，南越国的砖也继承了这个特点。目前我国考古发现的规格最大的实心大方砖，就是在南越国宫署遗址发现的，堪称“砖王”。

“砖王”正反侧面戳有多个大小相同的等距离的圆锥形孔洞，这些小孔有利于内部干燥，在烧制时使砖受热均匀，防止炸裂。这种“砖王”烧成后重达五百多斤，烧制前则更重。

特大方砖

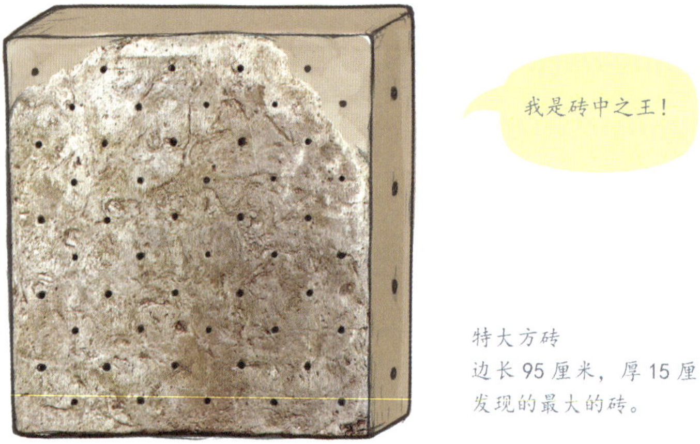

特大方砖
边长 95 厘米，厚 15 厘米，是目前我国考古发现的最大的砖。

印花砖

印花砖
边长约 70 厘米的印花方砖在南越国宫署遗址中最常见。砖面模印几何图案，侧面和底面有圆锥形气孔，多用于铺砌宫殿和廊道散水。

印花小方砖

印花小方砖
边长 34 厘米，厚 4 厘米，表面施青釉，部分釉已脱落。

散水铺地

当时宫殿屋里不铺砖，那么这些印花砖究竟用在哪里呢？其实它们肩负着重要的任务——组成散水结构，保护墙基不受雨水侵蚀。

中国古建筑多为坡顶，下雨时雨水会沿屋檐汇集落下，冲击力较强。在房屋外墙墙角周围用砖和石子铺成的斜坡，称为“散水”。散水可将雨水快速排走，保护台基，可以分散水流的冲击力。

散水俯视图

散水宽 1.5 米，使用了三种建筑材料，铺成斜坡

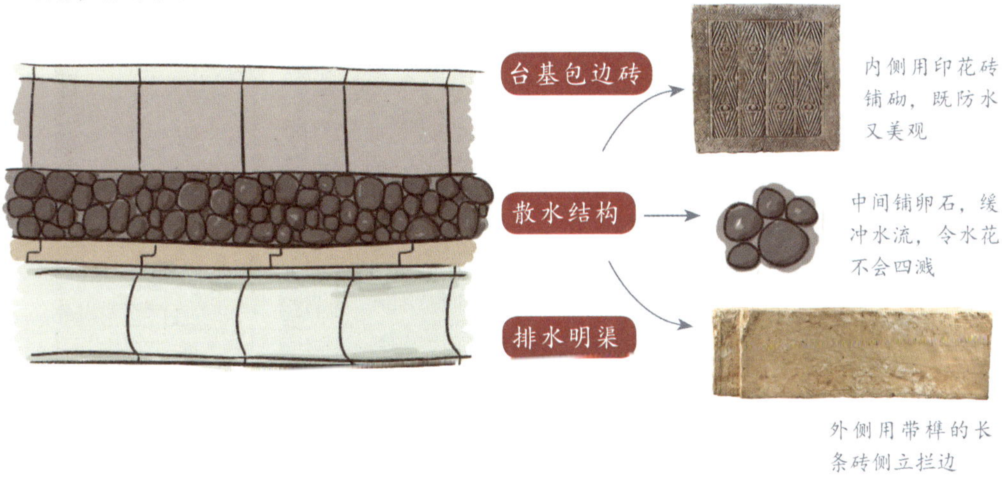

正是因为这些地砖被铺在没有人行走的散水位置，花纹才得以保留下来，让我们得以看到砖面上各式各样的精美图案。

度身定制的砖

除了规整的正方形印花砖，南越王宫还有不同形式的定制砖以用在特殊的地方。

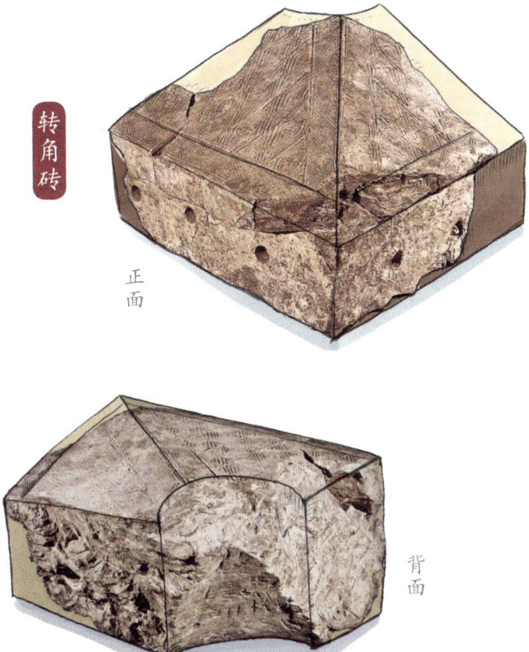

用于铺砖面的夹角位置

印花包柱转角砖是出土砖块中最厚的一块（残高 37 厘米）。上部是两个坡面，印有花纹，内部呈弧形面，应为包纳柱子之用，用于宫殿台基转角处。这种“定制式”的砖，在同时代的中原地区也很少见。

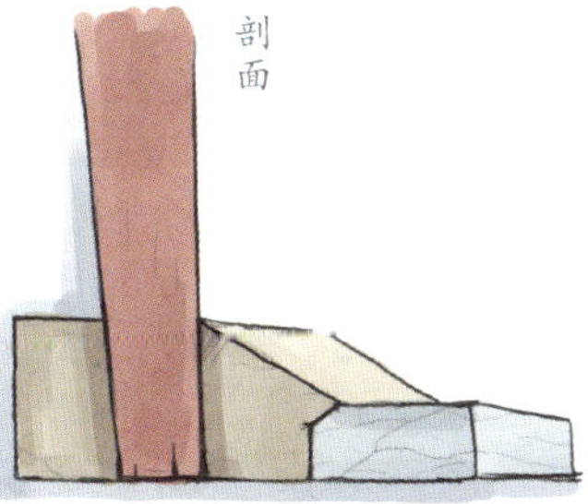

▸熊饰踏跺◂

踏跺，即台阶，用巨大的空心砖砌成。

踏跺的侧面模印精美的熊纹图案，熊纹主体表现为熊的头部，熊两眼正视前方，炯炯有神，前后掌紧握，威武有力，活灵活现。熊既有憨态可掬的特征，又有雄悍威猛的形象。

这个踏跺不仅应用了浮雕技术，还用了绘刻手法，极其精美。

熊在古代是勇猛吉祥的象征。骁勇善战、力大无比的熊，是汉代地方诸侯国最高等级的象征之一。

柱框与墙身

按当时的建筑流程，台基筑好之后，就可以架梁柱砌墙了。

以木结构为主体的柱梁构架贯穿中国宫殿建筑的始终。木结构主体中，梁柱最重要，墙是辅助性的，起分隔室内外的作用，因此中国有句俗话说“墙倒屋不塌”。汉代墙壁一般用版筑夯土或以土坯垒成，外涂一层坚硬的朱红色细泥沙。张衡的《西京赋》中的“土被朱紫”说的就是这种情况。

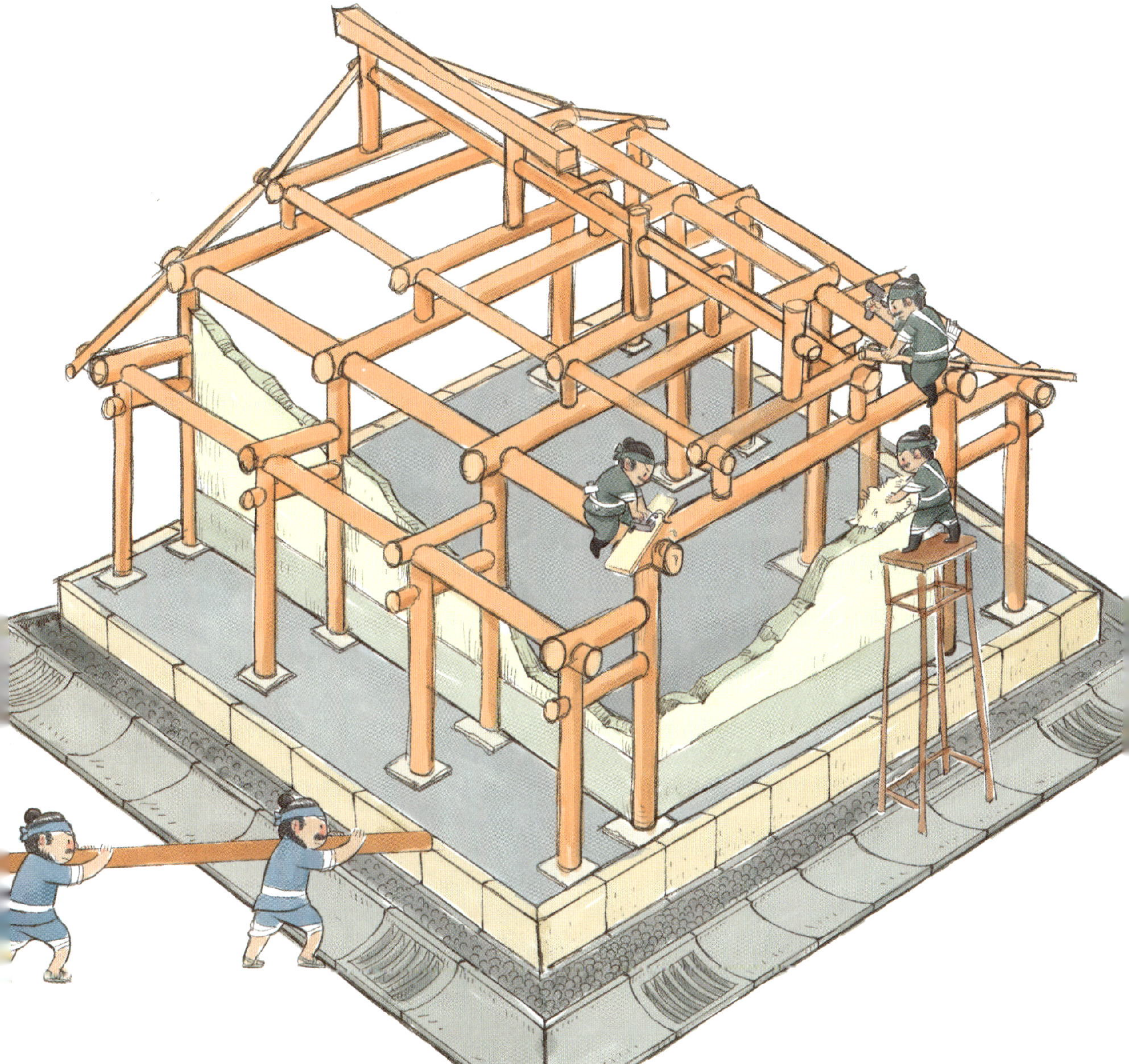

屋顶

中国传统建筑中，屋顶的主要组成材料便是瓦件了。各式体型宽大的瓦类在南越国宫署遗址中大量出土，与“砖王”相对应，被称为“瓦后”。这些瓦件里还有一部分带釉，是目前我国发现的最早的带釉瓦件。带釉瓦能有效防水，在多雨的南越国非常适用。南越国具有地理优势，与外域经贸往来较多。南越国宫署遗址中发现的带釉瓦件中釉的成分更是与当时海外釉相似。可见，南越国带釉瓦件是东西方文化交流的实物见证。

基本瓦件

板瓦和筒瓦是屋顶的基本用瓦。板瓦仰铺在房顶上，筒瓦覆在两行板瓦间。比较讲究的人家，屋檐最前面的筒瓦带有瓦当。

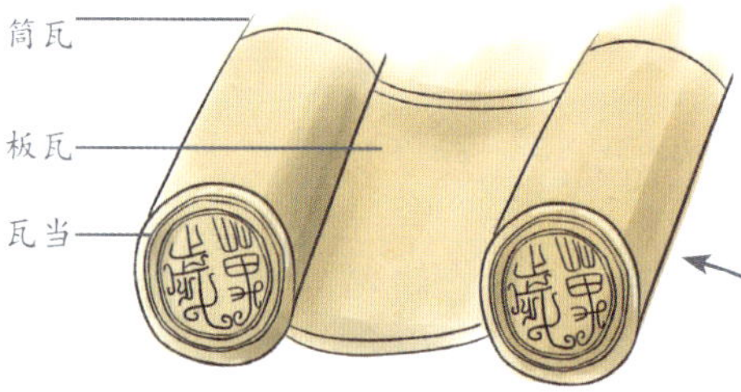

筒瓦是用于大型庙宇、宫殿的窄瓦片，由筒形陶胚一分为二制成。

筒瓦

长 44.5 厘米、直径 15 厘米的大型筒瓦

板瓦也叫瓦片，由筒型陶坯四剖或六剖制成，即弧度为圆筒的四分之一或六分之一。

板瓦

长 51 厘米、宽 38 厘米的巨型板瓦

瓦当是屋檐最前端的一片瓦，瓦面上带有花纹垂挂圆形的挡片，起着保护木制飞檐和美化屋面轮廓的作用。

四叶纹瓦当

残径 14 厘米

云箭纹瓦当

当径 15.3 厘米，云箭纹瓦当纹饰保留了秦汉时期的朴实风格

万岁瓦当

当径 16.6 厘米

奇妙的瓦

折腰瓦非常罕见，它腰部凹折，两端翘起如鞍形，质地、纹饰与板瓦相同，通常安装在屋顶前后两坡瓦面屋脊的交会点，覆盖在两坡瓦垄交会线上，防止雨水渗漏。

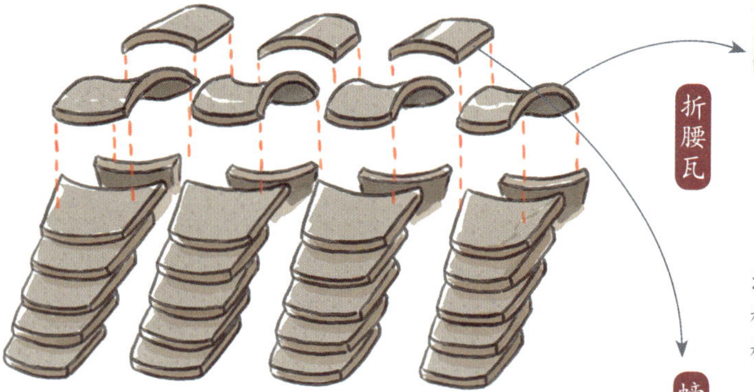

折腰瓦

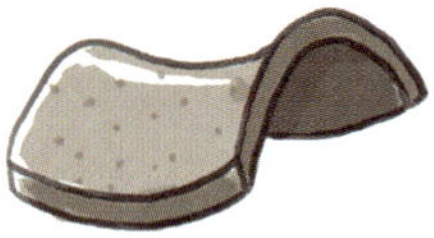

没有折腰瓦时，就用板瓦打“螃蟹盖”（将板瓦的四角打去）

螃蟹盖

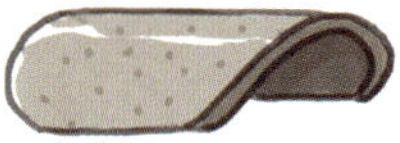

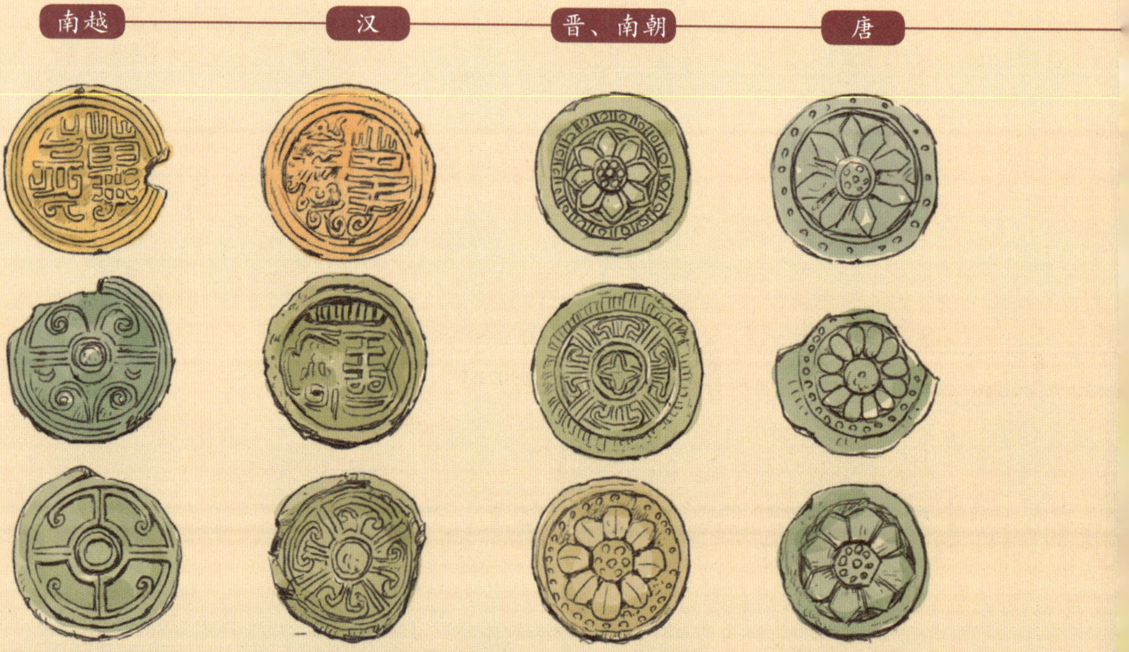

在瓦当这一小小的图形空间内，中国古代匠师们创造了丰富多彩的艺术天地。南越国宫署遗址出土的历代瓦当，展现了岭南瓦当在两千多年里的发展与演变。

带钉的板瓦和筒瓦比较独特，在中原地区较为少见。瓦钉主要起固定覆瓦的作用，防止瓦体在风雨中滑落。但是，南越王宫的带钉瓦的背、里均有钉刺，圆锥钉刺不仅长，而且非常尖锐，估计有防盗、护卫等特殊功能。

带钉瓦

这些瓦当，纹饰各有不同：兽面纹、动植物纹和文字等，图案设计优美，字体行云流水，极富变化。

万岁瓦当

古代鸟虫文

南越国宫署遗址中，出土了大量“万岁”文字瓦当。“万岁”文字有正体、变体、反文等几种变化形式，表明南越王宫内有大小不等的宫殿、廊道、门阙，在建筑外檐有统一的装饰。

古代的岭南地区没有文字。而在春秋时吴越一带的越族则写一种“鸟虫文”，其特征是字首鸟形，叠转弯曲。万岁瓦当的文字风格学习了鸟虫文的笔韵，书写“万岁”文字时字首为鸟形，笔画转折弯曲，布局疏密得当。

万岁瓦当将字体的古朴端庄融入圆形瓦当的艺术创作之中，被誉为“岭南最早美术字”。

连筒带钉万岁瓦当
残长 17.4 厘米，当径 18 厘米

瓦当制作工艺

这个未切割完成的瓦当，在筒瓦身上有明显的切割痕迹，是了解南越国瓦当制作工艺难得的实物标本。

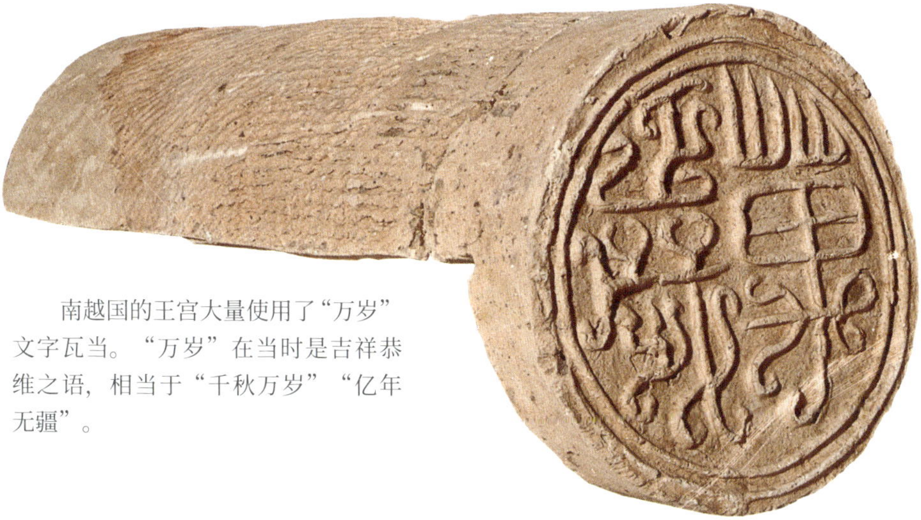

南越国的王宫大量使用了“万岁”文字瓦当。“万岁”在当时是吉祥恭维之语，相当于“千秋万岁”“亿年无疆”。

物勒工名

南越王宫的一砖一瓦均由官府作坊直接烧制，其上多有制作者的人名印鉴。这是源于一种叫作“物勒工名”的古代管理制度。

“物勒工名，以考其诚”，即器物的制作者要把自己的名字刻在器物上面，以便管理者检验器物的数量和质量，防止以次充好和以假充真的行为。最初，这只是一种官方强制的行为，但在实施过程中，它使一部分优秀工匠的名字脱颖而出，成为获得广泛信任的品牌。这便是商标的起源，如先秦时期的著名铸剑师干将、镆铘。这时期，物勒工名已成为主动的诚信宣示，为了维持自己的品牌信誉，工匠会自觉地保证质量。

陶 文

这些陶文内容包括负责制作的官署机构、陶工身份和陶工名字，为我们了解南越国官营制陶作坊提供了重要的材料。

从文字内容和文献记载来看，南越国官营制陶作坊的劳动力主要来自更卒、奴隶、刑徒和囚犯，身份低微。这些人是建造南越国都城和王宫的主要劳动力。直到两千多年后的今天，我们才在南越国宫署遗址出土的器物上发现他们的名字。

“左官卒犁”瓦

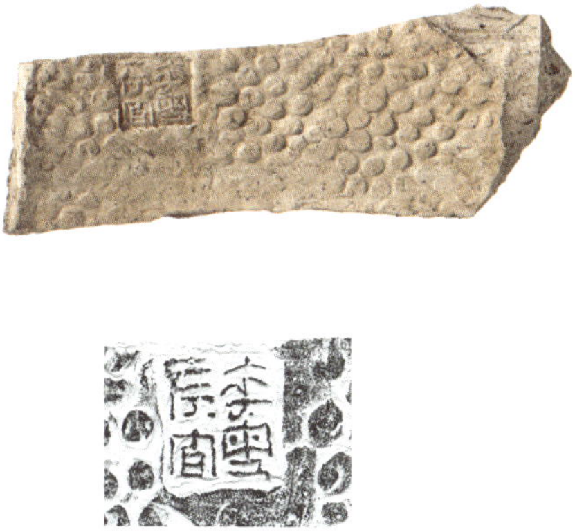

“左官卒史”瓦

服更役的更卒：陶文“左官卒犁”和“左官卒史”里的“卒”，就是从事官营手工业的吏卒，即古代文献里的官方工匠。

“左官奴单”砖

官府的奴隶：陶文“左官奴单”里的“奴”，就是官府的奴隶或奴婢。

“左官傀□”瓦

服劳役刑的刑徒：陶文“左官傀□”里的“傀”，指服鬼薪刑的犯人。鬼薪刑是指强制从事官府杂役、手工业生产劳动以及其他各种重体力劳动的刑罚。

“居室”瓦

宫中的囚犯：陶文中多戳印“居室”。居室是制造宫殿建筑材料的机构，也是拘禁犯人的地方。

排水系统

南越王宫地处潮湿多雨的岭南地区，宫内排水设施纵横交错，明渠暗槽贯通，渗井、地漏相间，组成完善的排水系统。这样，雨天不论上朝还是游园都不怕被水浸哟！

雨水排入明渠，通过地漏进入木质暗槽，然后在渗水井里沉淀杂质，再排入珠江。

排水系统原理

散　水

宫殿的台基四周铺设的“散水”，起到分散水流冲击力、保护台基的作用，散水邻接明渠。

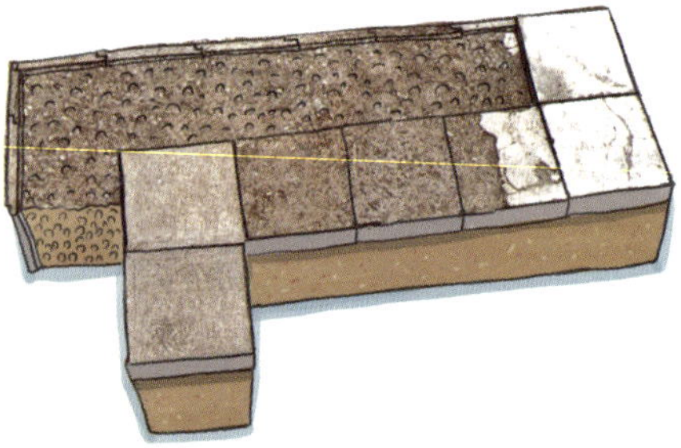

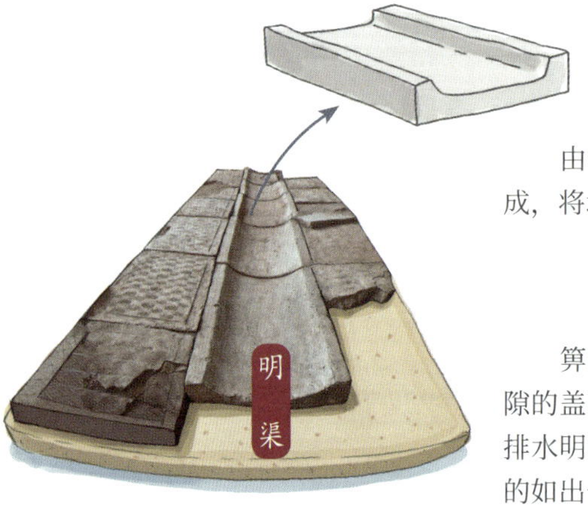

明　渠

由特制的弧形凹槽砖拼接而成，将地面积水引流到箅。

箅

箅是安装在地漏表面带有孔隙的盖面。一号廊道东西两侧的排水明渠和遗迹，其造型与今天的如出一辙。

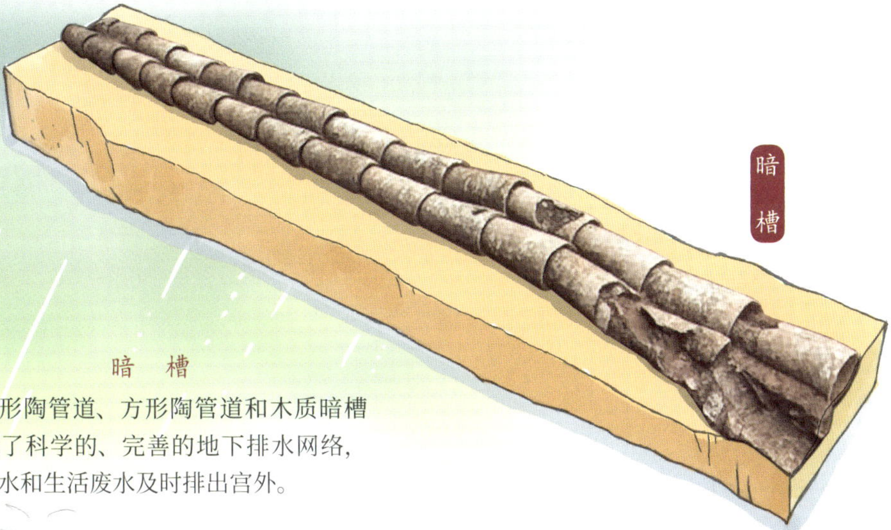

暗　槽

圆形陶管道、方形陶管道和木质暗槽等组成了科学的、完善的地下排水网络，可将雨水和生活废水及时排出宫外。

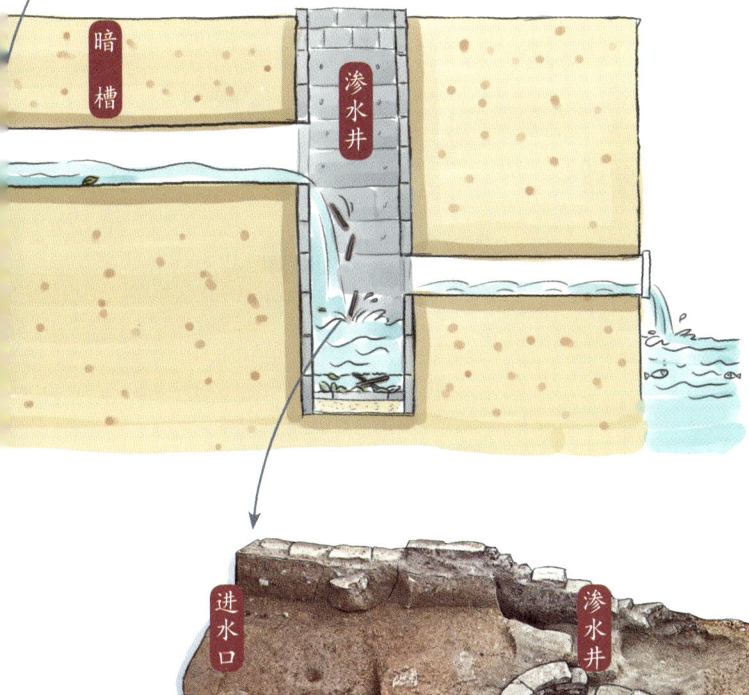

渗水井

在南越王宫的御苑和宫殿之间的砖石走道旁，发现了一个构造特别、与常见的食水井不同的井，井圈的东、西两侧与木质水槽（已朽）相连接，北壁则连接陶制地下管道。从结构判断，这是一个用来沉淀泥沙的渗水井，东、西水槽用来收集地面的生活污水和雨水，水中的泥沙在井中沉淀后，污水通过北侧的陶管道排走。

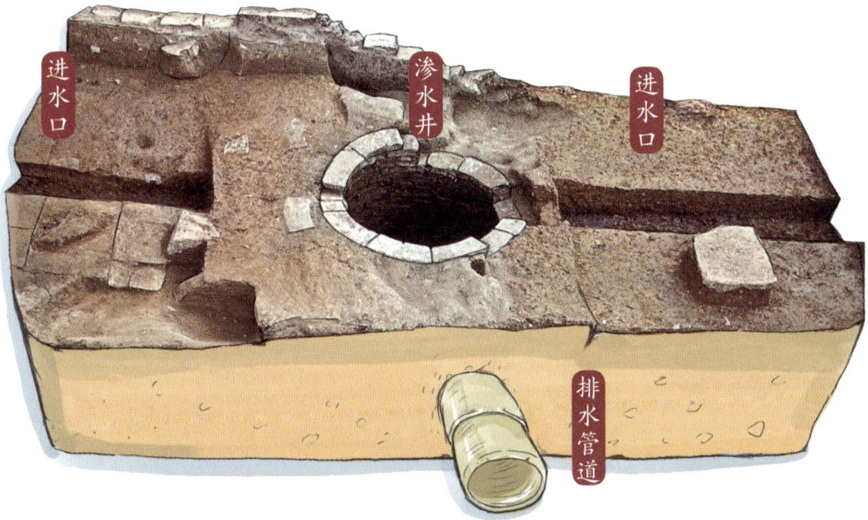

暗渠系统

南越国王宫的暗渠系统有四种不同的管道，有圆有方，有木有陶。

早期的木质暗渠，都是将整根木头挖空再拼接而成的。圆形的是将原木挖空中心；方形的则是将整根木头从中间破开，挖成凹形木槽，再用长条木板封盖。

后来王宫进行管道改造，在圆形木管道上方改用双排圆筒陶管道。陶管道虽然工艺更复杂、成本更高，但更方便耐用。陶管道也有方形的，体积比圆筒形管道要大，用于排水至宫外处。

陶管道采用模块式设计，每个管道都是一头大一头小，以大套小连成管道，如果哪一节坏了，更换即可。

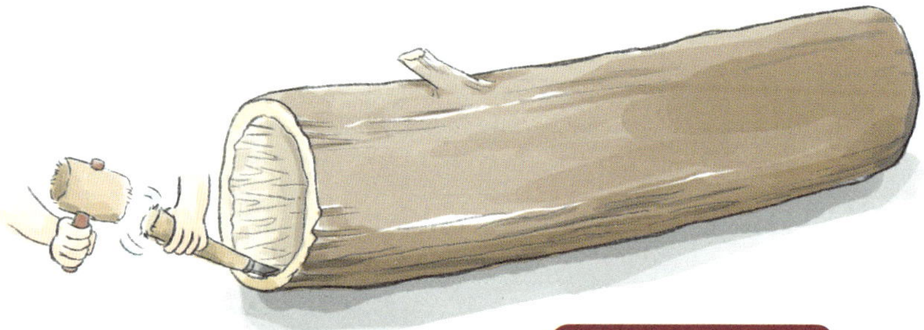

圆形木质暗槽制作

将整根木头凿空而成的木质暗槽

圆形陶管道制作

陶管道模块设计

破损后不用整根置换，只需用同一模块换走坏的那一个

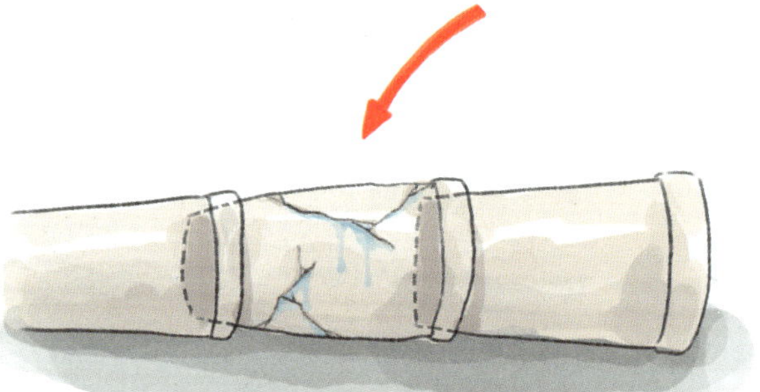

一个套接一个的陶管道

渗水井功能

虽然管道模块化可以方便更换，可一旦堵塞就要挖开地面进行修整，也是一桩麻烦事。为了避免这个问题，埋设地下管道时每隔一段距离就设置一个渗水井，水内泥沙等杂质沉在井内方便清淤，水则通过井内设置的排水管排出，这样也便于平时检查和疏通。

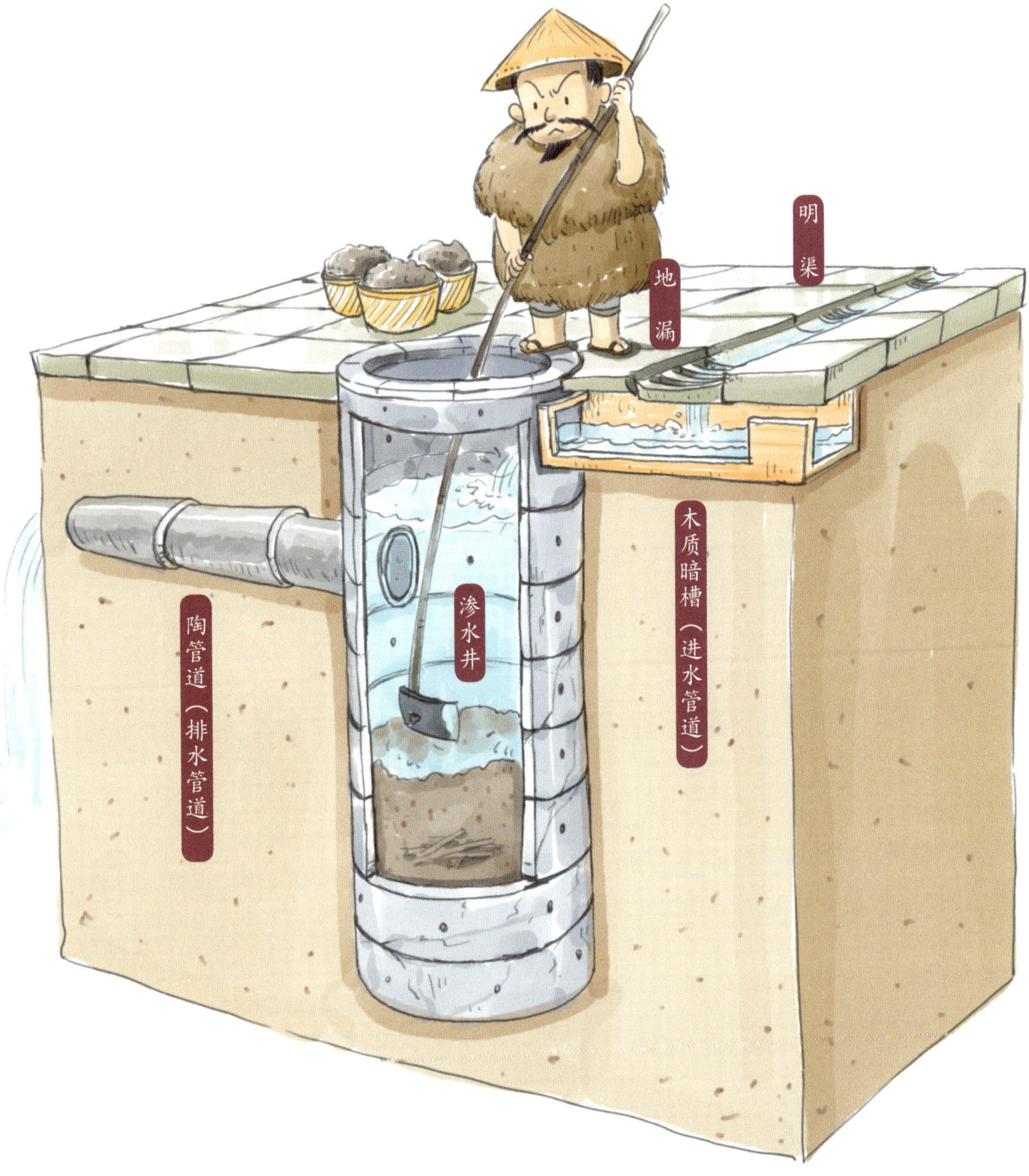

第五章
王宫生活

在广州的市中心同时发现了南越国宫署遗址和南越文王墓两处重要遗址，这在国内非常罕见。这两处遗址均出土了丰富的文物，为还原南越国宫廷生活提供了珍贵的实物依据。尤其是南越国木简，可以说是了解南越国历史的“第一手资料”。

宫廷档案

秦代以前，岭南地区没有文字，赵佗建立南越国之后，兴教办学，推广了中原的语言文字。两千多年前王宫内的生活起居，就被帝王身边的书吏们认认真真地记录到木简之上。其中有那么几枚没有串联到册子上的木简，掉到渗水井里，阴差阳错地躲过了战火，静静地沉睡在地下，直到两千多年之后……

井中取简

2004 年底，考古人员在南越国宫署遗址内发现了一口南越国时期的渗水井。根据以往的发掘经验，这种井内大多是一些淤泥和人们食后弃置的果核、骨头等，一般不会有什么重要发现。

发掘如常进行，但清理到井的底部时，竟然意外发现一些写有文字的木片，通过初步清理，发现这些写有文字的木片居然是木简。这是广东地区首次出土木简。

但是，陶圈井直径不到 1 米，要怎么把木简从中安全取出来呢？由于井圈太窄，人到井里作业十分困难，而且容易损坏木简。如果把井拆了，待清理完木简后复原，等于破坏了遗迹。

从底发掘

考古人员与技术人员共同研究，想到了一个好办法：将最底层的井圈用平移整取的办法提升到地面，然后在室内进行清理。这样既保护了木筒，又保护了遗迹，可谓两全其美。

①考古人员先把各层井圈固定，然后在井边挖一个竖坑直到井底以下，在井底插入装有滚轴的钢板。

②再把最底层的井圈与周边的泥土分离，用钢板把最底层的井圈平移到竖坑，之后在原处放入一个用以替代的支撑物。

③最后把井圈吊到地面进行清理。

以简证史

考古人员在渗水井里面总共清理出完整的和残缺的木简上百枚。木简上的文字加起来有上千字。简文涉及籍簿、法律文书，以及宫中琐事，正是南越王宫的“纪事档案”。木简中所提及的职官、郡置、民俗、果木培植等内容，为研究南越国历史提供了第一手文字资料。这些木简的发现不仅填补了广东地区简牍考古的空白，改变了人们认为“简不过岭”的印象，还极大地扩展了南越国史的研究范围，堪称“岭南第一简”。

木简特点

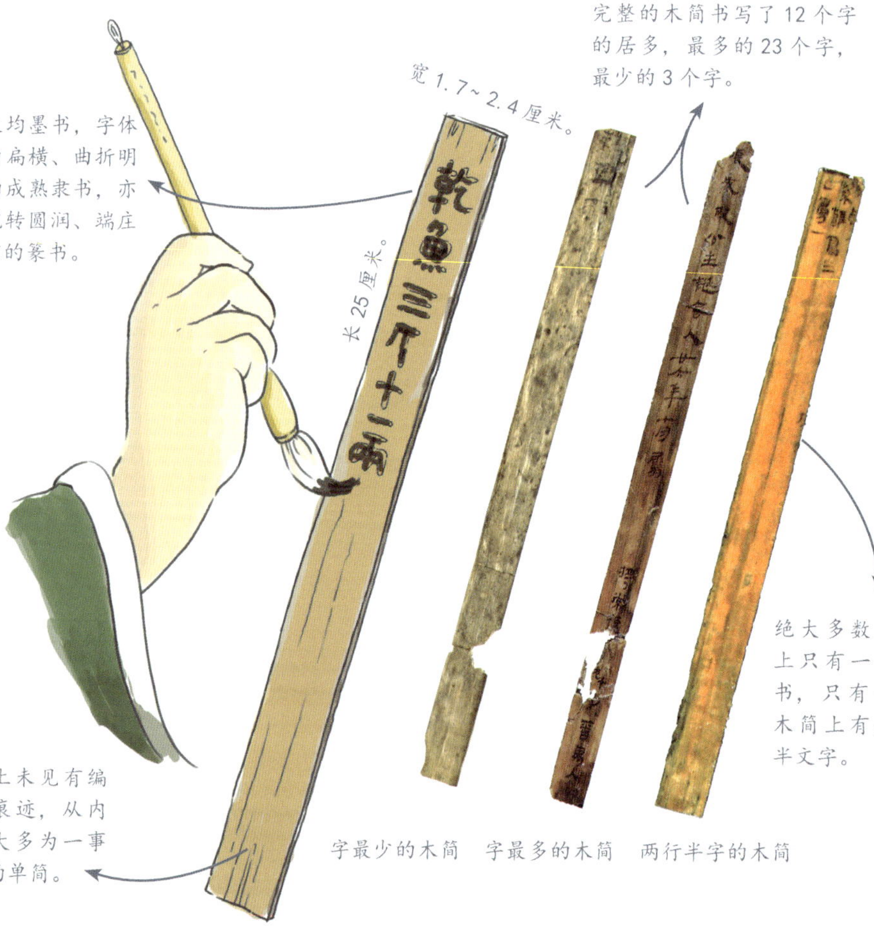

书记官日记

在王宫御苑的原址上出土木简，在国内外极为罕见。这批简文的书写者应是直接服务于南越王室的书吏。通过对木简的解读，我们可以看到南越国王宫内的方方面面。如果写木简的书吏也每天写日记，这部日记有可能是这样子的……

四月　收租的日子

又到了一年一度的收租日，大家都直接拿东西换来换去，官租也是直接拿各种鸡鸭鱼米来交。今天收得七只野鸡，里面六只都是母的！因为这种绿背白翅的野鸡十分好看，大家讨论着要是能养得活，就在御花园里养几只；要是能养到下蛋，那就更好了。

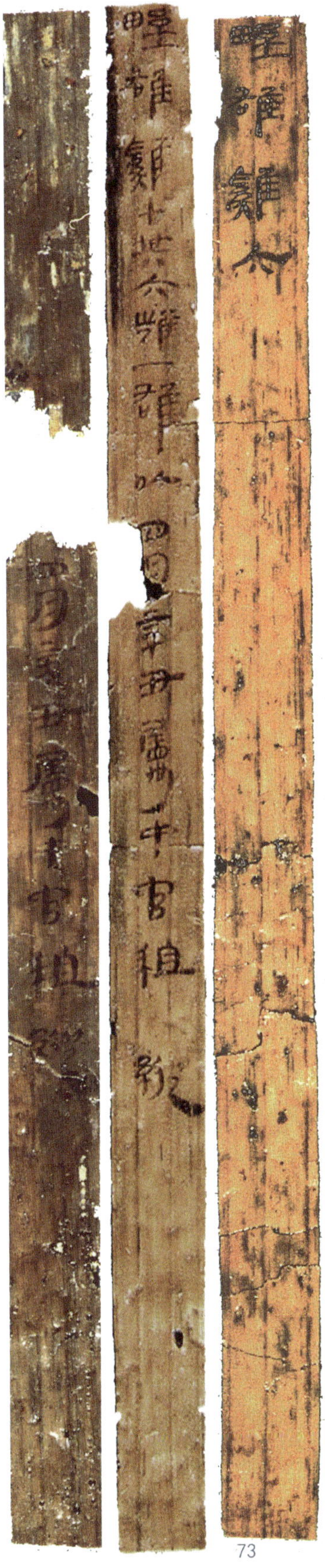

第七十二号木简：『野雄鸡六』
第七十三号木简：『野雄鸡七　其六雌一雄　以四月辛丑属中官租　纵』
第七十五号木简：『四月辛丑属中官租　纵』
租指田赋租税，南越国不征收货币租税，而交实物赋税。这是征收实物的记录。

第八十四号木简：『诘庐地唐守苑 行之不谨 鹿死腐』

『诘』，指斥逐。『苑』指南越国宫苑。大意是两个宫苑守护官，失于职守致『鹿死腐』。另有一种说法，『腐』指宫刑，用来惩罚守苑失职的人。

五月　糟糕，大王喜欢的那头鹿死掉了！

御花园里养了很多鹿，这些鹿跟棕黑色皮毛的粗壮的本地鹿不一样，它的皮毛是棕红色的，还有可爱的白色梅花斑点。大王游玩时很喜欢给这些鹿喂吃的，听说是来自他家乡的鹿，所以特别珍惜。这么重要的鹿，居然有一只悄悄死掉了，直到它尸体腐烂了，才被发现。简直难以想象！看守御苑的护卫因此受到了惩罚，但我觉得真相不是这么简单，真凶到底是谁？

六月　全民灭鼠！

每到稻谷丰收便老鼠为患，王宫里也开始全民捕鼠运动。每人都要抓五只老鼠，少一只，屁股上就得挨十大板！阿则那几个奴隶捉够了老鼠，不用挨打。老奴隶阿虖一只老鼠也没有捉到，噼里啪啦被打了五十下，屁股都开花了……阿陵只捉到三只，也挨了二十下。我默不作声，心里早就吓坏了，就差一只啊，挨了这十下还怎么爬得起来。结果我交老鼠时，大总管特别吃惊，他赞叹说像我这种没任务的书记官都这么积极，大家要更努力啊！原来我是不用抓的啊，怎么不早说啊！

第一零五号木简：「大奴虖　不得鼠　当笞五十」

第一一零号木简：「陵　得鼠三　当笞廿」

第一零七号木简：「则□等十二人　得鼠　中员　不当笞」

笞是用鞭子或者板子打。这些木简记录了南越国因鼠患严重，宫廷中每人定额捕鼠五只，少一只要笞十下。出土木简中记录笞刑的有七枚。

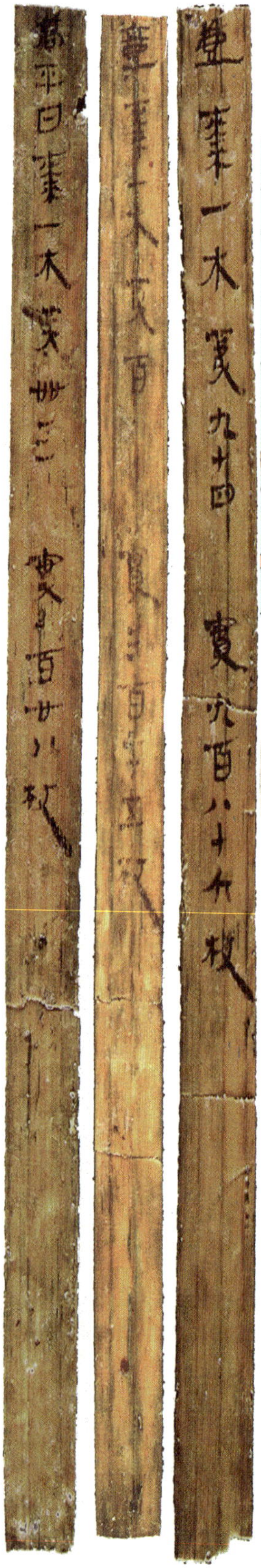

第六十八号木简：『壶枣一木 第九十四 实九百八十六枚』
第六十九号木简：『壶枣一木 第百实三百一十五枚』
第九十号木简：『高平甘枣一木 第 卌三 实一百廿八枚』

『壶枣』，即大枣。编号第九十四的枣树收得枣（实）九百八十六枚。编号第一百的枣树收得枣（实）三百一十五枚。编号第四十三的高平甘枣得枣（实）一百二十八枚。

九月　枣树结果啦

在我写木简的地方，可以看见御花园里有两棵树，一棵是枣树，另一棵也是枣树。这边雨下得太多，不太适合种枣树，但王宫里还是种了一些，大概是因为大王身在异乡，常常想念家乡的枣吧。这些枣树十分珍贵，所以管理得也特别严格，每棵枣树都做了编号，每年结了多少果实也要登记在册，而且精确到颗，好像为枣树办理了“身份证”。

第一百一十六号木简：『受不能□痛迺往二日中陛下』

第九十七号木简：『弗得至日夕时望见典虔驱其所牧三』

第六十七号木简：『□还我等击盈已击乃归南海□』

第二十六号木简：『□局距上莫蕃翟蒿蕃池□离吾都卑』

第八十一号木简：『近弩令□故游卫持将则 辛廿六年七月属 五百 □□末弓□』

第九十一号木简：『张成故公主诞舍人 廿六年七月属 将常使□□□上蕃禺人』

第十七号木简：『王所（赐）泰子今案 齿十一岁高六尺一寸身□母豤伤』

凿井取水

岭南第一井

凿井而饮是中国古代饮水文化的一大特色，与西方架渠引水的饮水文化有明显区别。我国目前发现年代最早的水井距今已有六千多年的历史。

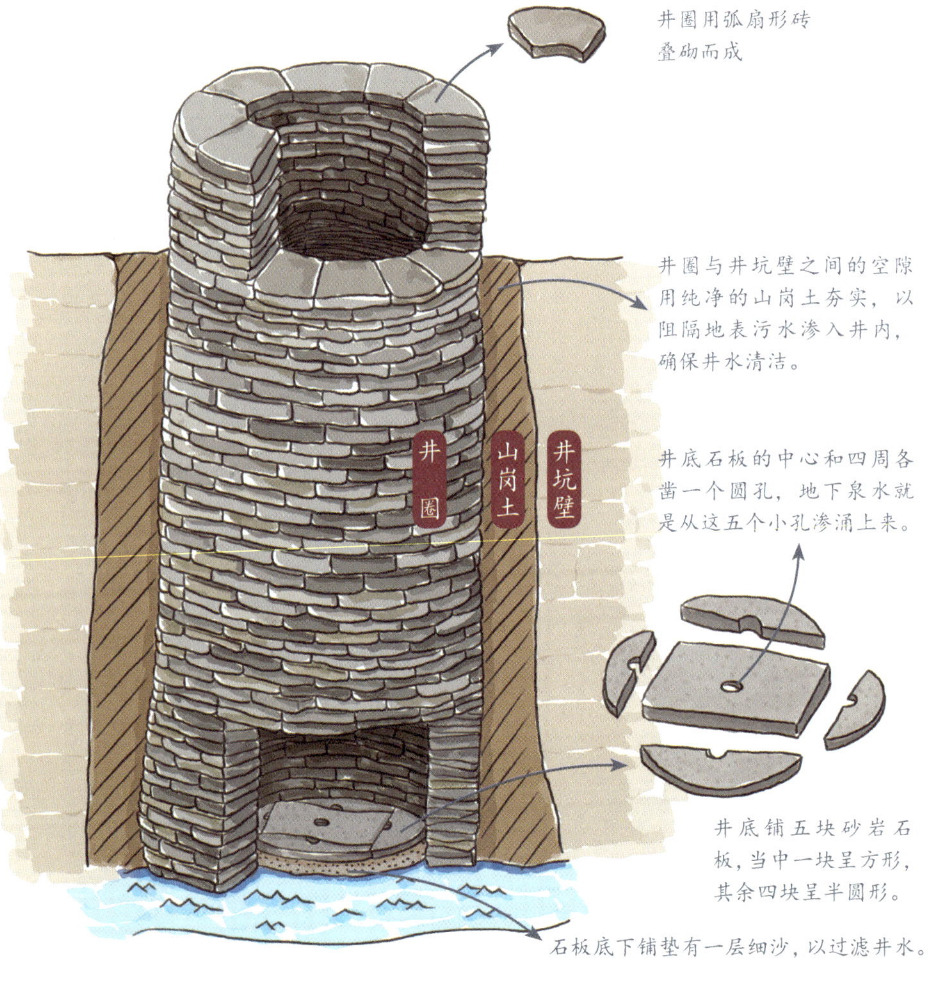

1996 年发现的南越国食水砖井为广州目前已知最早的水井之一，被誉为“岭南第一井”。历经两千多年，井水依然汩汩流出，真是博物馆中的活宝藏。

来自地下岩层的泉水，经过细密的过滤，水质纯净甘甜，甚至可与现代矿泉水媲美。发掘后经化验，竟然符合今天饮用水标准。这口水井证明早在两千多年前的南越国，人们已掌握了先进的建井技术。

辘轳汲水

开凿水井的技术，一般是由浅井向深井发展。汲水方式则由最初的抱瓮而汲过渡到长绳汲水，其后更是发明了辘轳汲水。

秦汉时期，人们已经发明了辘轳汲水：在井亭横梁上装辘轳，转动手柄，井绳在轴上绞缠，装水的桶就被提了上来，一般用于深井取水。

南越国宫署遗址内出土了被烧焦的木辘轳、辘轳铁轴，以及铁提梁汲水罐等工具。由此可以想象当年中原汉军纵火烧城，水井上的打水设施被大火焚烧落入井中的情形。

木辘轳

束腰圆筒形，中间轴孔呈八角形，两端原各套置一个铁轴。

辘轳铁轴

外八角内圆柱形，套接在木辘轳孔内，增加木辘轳与支轴的耐磨度。

铁提梁汲水罐

铜姜礤

用于磨取姜汁。岭南潮湿，先民早已懂得用姜来祛湿。

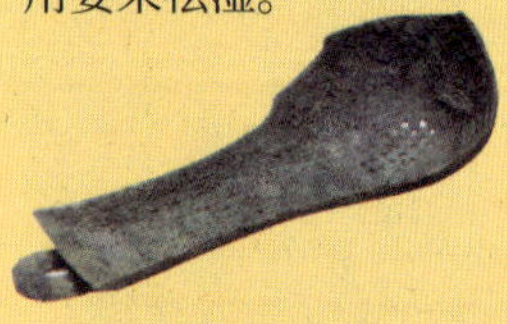

铜　鼎

鼎主要用来盛肉食。南越文王墓中出土了三种风格的鼎，反映了南越国和周边地区有经济贸易交流。

铜釜甑

汉代以釜甑蒸食物。南越文王墓出土了铜釜甑，甑底有箅子，透气孔做成图案形。使用时，釜内装水，甑内盛食物，三足架下生火。

御膳厨房

宴会上少不了各式菜肴，宫殿里王公贵族其乐融融，这可忙坏了御膳厨师。

南越国时中原先进的烹调技艺和炊具被引入岭南，烹饪方式有羹、炙、煎、蒸、濯几种。食材方面，除了之前提及的六畜，还有各种南越当地特色食材。俗话说“食在广州”，现代广州人飞禽走兽什么都敢吃，这也与祖先的饮食习惯有关。

汉越融合的烹饪方式和食材，最终形成兼容并包的饮食文化，流传到今天。

铜煎炉

南越文王墓出土了一个煎炉，是长方形双层铜架，下层烧炭火，上层煎肉。

烧烤炉

用竹签或铁签穿着食物在火上烧烤，如同今天的烤羊肉串。

铜挂钩

铜挂钩，又称“气死蚁”，用时往里注水，可以有效防止蚂蚁偷吃挂在钩子上的食物。

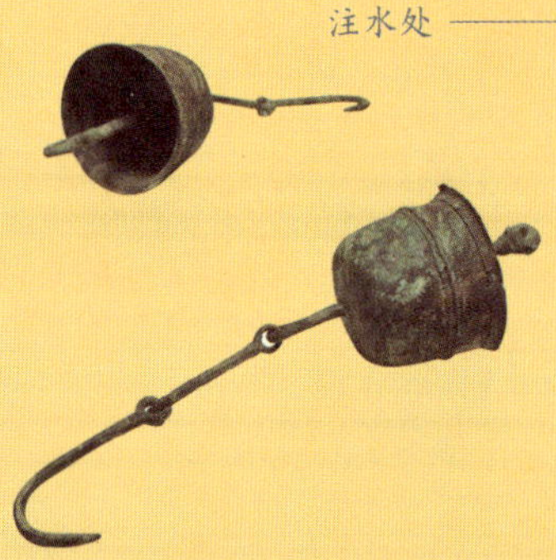

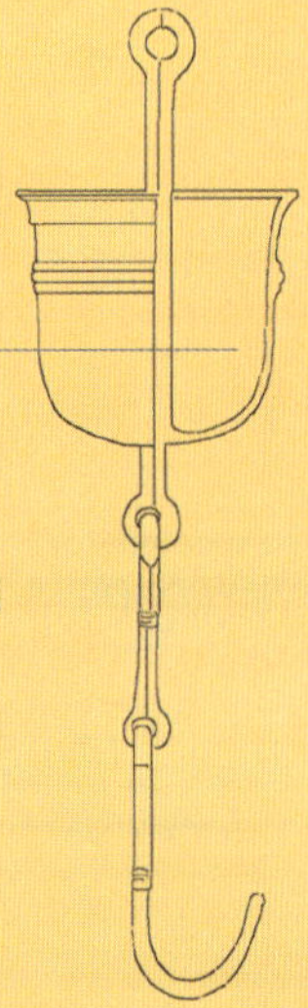

宫廷宴乐

家　具

秦汉时的屋子里几乎没有多少可以称为家具的器物，建筑堂前开敞，古人就设屏风挡风。南越文王墓中曾有一件大型漆木屏风陪葬，但出土时屏风已朽，仅存一些铜配件。专家们根据构件的出土位置和造型进行了科学的复原，发现这件屏风不仅外形庞大，而且结构奇巧。

鎏金双面兽首铜顶饰

鎏金朱雀铜顶饰

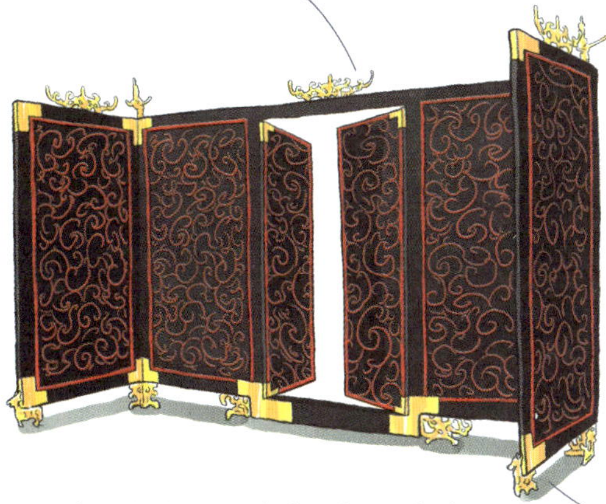

漆木屏风

中间的屏门可以向外开启，两侧的翼障以折叠构件连接，可以展开。

鎏金人操蛇铜托座

投　壶

投壶礼即用箭投酒壶，源于射礼，每逢宴饮，必有“雅歌投壶”的节目助兴。在流传过程中，产生了许多新名目，还有人别出心裁地在壶外设置屏风盲投，或背坐反投。

鎏金铜壶

鎏金铜壶，用来盛酒，也可盛其他食物。在南越文王墓中出土了九件，出土时有的里面还装了红枣，说不定当年是被用作投箭的酒壶呢！

乐 器

铜勾鑃

宴会上少不了音乐。南越文王墓出土了两套石编磬，三套青铜编钟：一套钮钟，一套甬钟，一套勾鑃。它们都是敲击乐器，其中勾鑃出土之后音质仍非常好，可以用来演奏。

鎏金铜瑟枘

瑟枘是瑟的配件，墓中出土十二件，可分为三套，都是青铜鎏金的，做成博山形状，山峰间有熊、虎等兽类出没。

鱼形陶摇响器

鱼形陶摇响器，中空，内装陶丸或石子，摇起来沙沙作响。

洗 手

鎏金铜匜

古代贵族们洗手可不是把手放在水桶里随便冲两下，他们可讲究了。不仅有专门洗手的工具，还有洗手礼仪——通常由年长的侍者用铜匜盛水，浇水冲洗尊者的双手，年少的侍者捧银洗以承弃水，并奉上巾帛完成沃盥礼的程序。

银洗

六 博

广州南越文王墓出土了一副由青玉和水晶组成的六博棋。六博棋是古代棋戏的一种，是秦汉时期人们十分喜爱的娱乐活动，但东汉以后逐渐失传了，现在已经鲜为人知。

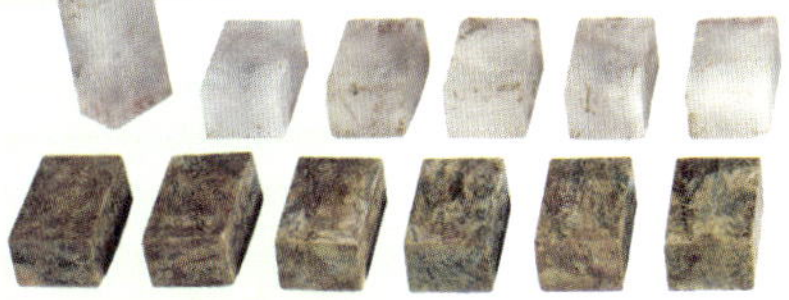
六博棋

越人舞蹈

越族是个能歌善舞的民族，但梳着越族椎髻发型的姑娘们，在南越王宫里跳的却是融合了中原风格的长袖舞，抛袖弯腰摆臀，展现出女了曼妙的身姿。而越人本地的舞蹈，则是头戴羽帽、身穿以羽毛为装饰舞裙的鹭舞，舞者会模仿鹭鸟振翅的样子。

第六章
对外交往

岭南地区濒临南海，良港遍布。早在新石器时代晚期，古越人就开始了对海洋的探索。南越国时期，社会生产力水平提高，造船业快速发展，进一步促进了海上交通的开拓。从广州发现的南越国遗迹和相关出土文物，可证实两千多年前南越国与海外存在交往。

海丝之始

广州地处南海之滨，海路交通便利，自秦汉以来就是连接我国中原地区和东南亚、南亚等周边地区的重要港口城市，是海上丝绸之路的重要发祥地。

《史记》有载：“番禺，亦其一都会也，珠玑、犀、玳瑁、果、布之凑。”汉代的广州已是全国九个都会之一。以广州、徐闻为主要港口市集的对外贸易逐渐兴起，进而开辟出通过南中国海与东南亚和南亚诸国进行商业贸易的路线，最远可达斯里兰卡。南越国的相关遗迹，是广州海上丝绸之路起源和发展的重要见证。

海上丝绸之路

“丝绸之路”主要是指以中国古都长安和洛阳为起点，罗马为终点的古代贸易通道。除了沙漠丝绸之路这条主干线之外，还有许多重要分支。目前，沙漠丝绸之路、草原丝绸之路、海上丝绸之路是国际公认的丝绸之路中三条最主要线路。

海上丝绸之路以古代的中国为起点，始于西汉（公元前 2 世纪），至“大航海时代”（15 世纪末至 16 世纪初）逐渐衰落。除丝绸以外，其主要贸易货物还有陶瓷、茶叶、香料、白银、珍宝等。

航行路线

在汉代，由中国南方港口通往东南亚和印度的海上路线已相当成熟。《汉书·地理志》就记载了汉武帝时期的一次航海事件：自日南障塞（出海口在今越南蚬港）、徐闻（广东徐闻）、合浦（广西合浦）出发，沿印支半岛南下，船行五个月，到都元国（今越南南圻一带）；船再行四个月，到邑卢没国（泰国华富里）；又船行二十余日，到谌离国（暹罗古都佛统）；由谌离登陆，横穿中南半岛，步行十余日，到夫甘都卢国（今缅甸蒲甘地区）；再船行两个多月，有黄支国（今印度东岸建志补罗，出海口为马德拉斯）；黄支国之南有已程不国（狮子国，今斯里兰卡）。汉使到这里就原路返回了。通过频繁的海上贸易，一些国外的奇珍异宝，如珍珠、犀角、玳瑁、瓜果、织物等由此进入当时中国贵族的生活。

造船业

1975 年在广州市中山四路发现了秦代造船遗址，根据专家的研究，这个造船遗址主要生产适应内河和沿海岸航行的平底船。从南越国时期的墓葬及汉代墓葬出土的木船模型，我们可以了解到当时船舶已经具备桯、桨、橹、尾舵、爪锚等构造或设备，可见，南越国时期的造船技术比较先进，造船业较为发达，这为汉代海上交通大发展奠定了基础。近年来，有专家对遗址性质有不同观点。

秦代造船遗址

广州汉墓随葬划船俑

海贸遗珍

南越国首都蕃禺成为海内外奇珍异宝的集散地。南越王“海淘”了不少宝贝，而这些“尖货”又从哪里来呢？

原支大象牙

岭南地区自古是大象的栖息地，大象性情温顺，很早就被人类驯化。《汉书》有载：“南越献驯象，能言鸟。”这说明当时驯化的大象是被作为宝物进献给中原的。而南越文王墓出土了五支大象牙，平均长度达 120 厘米，牙体粗壮，经鉴定其形态特征与现代的非洲象牙较为接近，但与亚洲象牙区别较大。这说明当时的岭南就与非洲有了间接的交往。

金花泡

金花泡为南越文王墓主人赵眜所穿衣服上的纹带饰物。金花泡的焊花非常复杂，在球面形的泡体上饰有几组图纹，用金丝和小金珠焊接而成，在二十倍的显微镜下，可清楚地看到焊接点。这种金珠的形制和焊接工艺都不是中国固有的，而是地中海沿岸、埃及等地流行的金工技法。这说明这些金花泡是海外传入的“舶来品”。

泡顶中心原嵌有一颗小绿松石

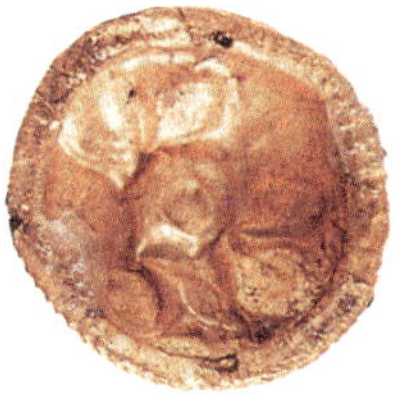

以圆圈纹、心形纹、堆珠纹和绞索形纹带装饰

直径1.1厘米，泡体为半圆球形

底下焊接一根横梁以供缝缀

乳　香

在南越文王墓西耳室的一个圆形漆盒内，发现了来自中亚地区的乳香。乳香主要产于阿拉伯地区，是当地一种乳香树渗出的树胶和树脂凝固而成的香料，熏燃时香气浓郁，烟气很小，是香料中的珍品。

香料在我国汉代开始流行。广州汉墓出土了大量熏炉，可见当时熏香风气的盛行。但西汉早期，尤其在北方地区，香料还未被广泛使用，因此文献少有记载。南越文王墓出土的乳香为研究西汉早期香料提供了珍贵的实物资料。

炉体由四个互不连通的小盒组成，可以燃烧四种不同的香料，在国内十分少见。

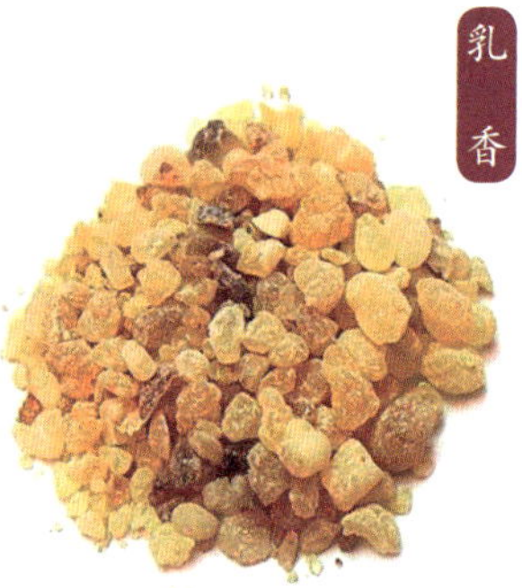

银 盒

南越文王墓出土的扁球形银盒，其造型和纹饰与伊朗苏萨古城（今伊朗舒什）出土的刻有波斯薛西斯王朝的金银器相似，很可能是从西亚波斯商人那里“代购”回来的。

器盖拥有二十六片玲珑有致的凸瓣纹，在光线照耀下，就像太阳一样发出光芒。银盒是用锤揲法做成的，即把一块银放在模子上捶打而成，很好地利用了银质地柔软和延展性强的特点，大大地节省了材料。

这件舶来品从西亚经海路传入南越国后，能工巧匠们根据汉时器皿的特点对它进行了加工改造：在它的盖上加了三个小钮，又在其底部加一个铜圈足，并在盖面和底部刻上了汉字铭文，使其兼具中国传统风格。

这件银盒作为一件中西合璧的精品，是目前已知的广州地区发现的最早的一件舶来品，也是海上丝绸之路最好的见证。

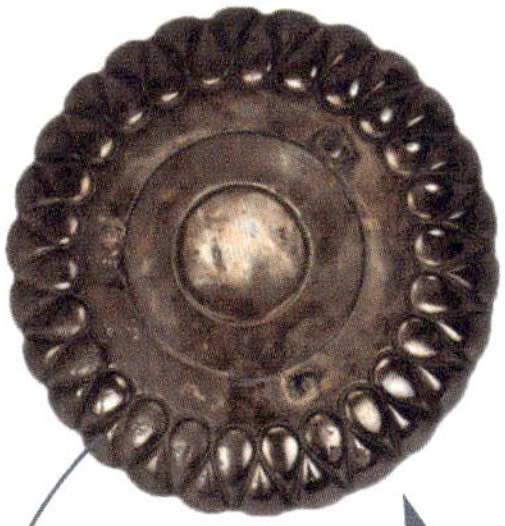

盖面两处刻有该器物的容量铭文：“名曰百卌一”和“一斤四两右游一私官容三升大半□”

银 盒

南越国的西洋风

御苑内蕃池和曲流石渠两处遗迹都用石料砌筑，还大量采用石质建筑构件，这在我国目前的考古发现中尚属首例。其中一些砌筑手法更是与西方古建筑存在相似之处，似乎是受到了海外文化的影响。

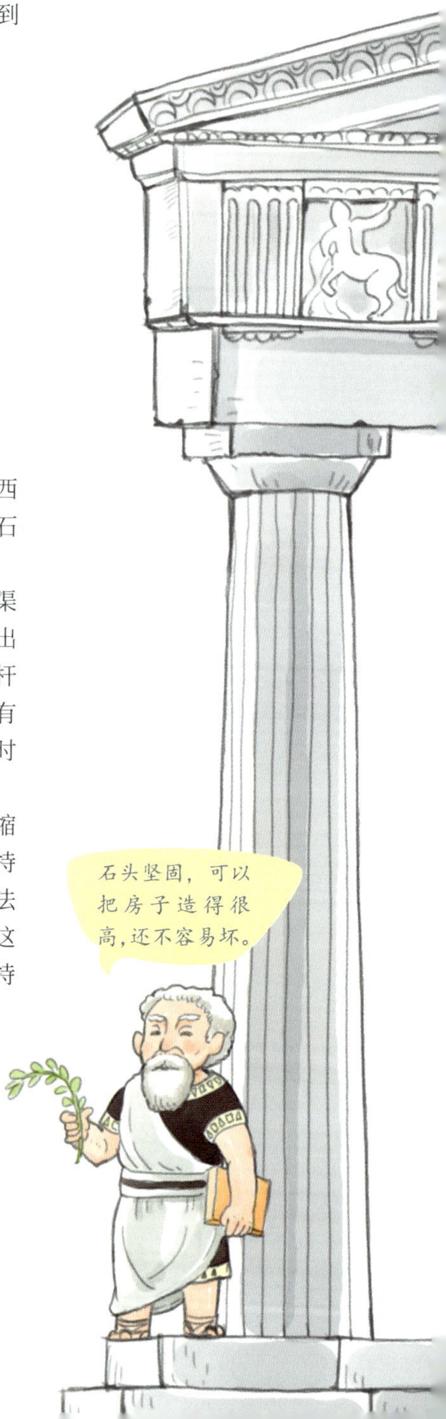

中式意境，西式技术

中国古代建筑以木构为主，西方建筑则以石构为主，这一木一石成了东西方建筑用材的主要区别。

而南越国御苑的蕃池和曲流石渠都是用石头构筑的，遗址内还伴随出土大量的石构材料，有石柱、石栏杆等，具有多种规格，表明御苑内原有不少石构建筑。这种情况在国内同时期的建筑中非常罕见。

御苑的曲流石渠把大自然山水缩微于庭院之间，是典型的东方园林特色。然而其遗迹露出的石砌建筑手法又恰似西方罗马的石构建筑技术，这种中西结合的风格，是南越御苑的特色。

石构建筑

蓄池的池壁和曲流石渠的渠底，都是用不规则形状的砂岩石板拼砌而成，远看仿佛瓷器的“开片”一样，这种砌法后来被叫作冰裂纹。

这种砌法在当时西方应用得十分广泛，叫“毛石乱砌”，建于公元前 5 世纪的古希腊阿波罗神殿的挡土墙就是这样砌的。

曲流石渠的渠壁用砂岩石块叠砌，这种砌法也和古希腊迈锡尼宫殿石墙砌法类似。

蓄池的池壁

古希腊阿波罗神殿的挡土墙

曲流石渠渠壁

古希腊迈锡尼宫殿石墙

蕃池中的方形叠石柱

古埃及建筑

古印度早期石窟卡尔拉8号窟前廊的八棱石柱

蕃池中的方形叠石柱也是我国考古中首次发现。而这种叠石柱在古埃及的古王国时期就已频繁使用，在古希腊建筑里更为常见。

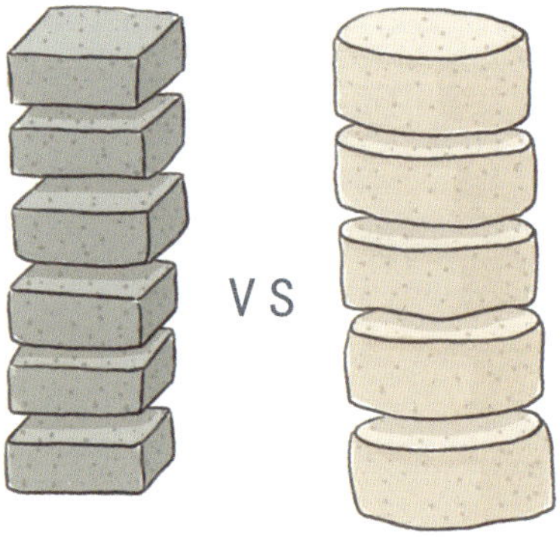

蕃池中的方形叠石柱和古埃及建筑中的圆形叠石柱对比

八棱石柱

带座石望柱

南越国御苑中出土了不少八棱石柱、八棱石望柱。类似的八棱柱体，在古印度早期佛教建筑桑奇大塔外围栏上大量出现，最早是木质的，后来改为石质。

带釉砖瓦

南越国宫署遗址里出土了一部分表面带青釉的砖瓦，这是我国目前发现的最早的带釉砖瓦实例。在砖瓦上施釉可以有效防止雨水渗漏，是建筑技艺的一大进步。南越国带釉砖瓦的出现为中国琉璃瓦的发明与生产奠定了基础。

带釉带钉瓦

菱形四叶纹青釉长方砖

带釉瓦片

带釉瓦当

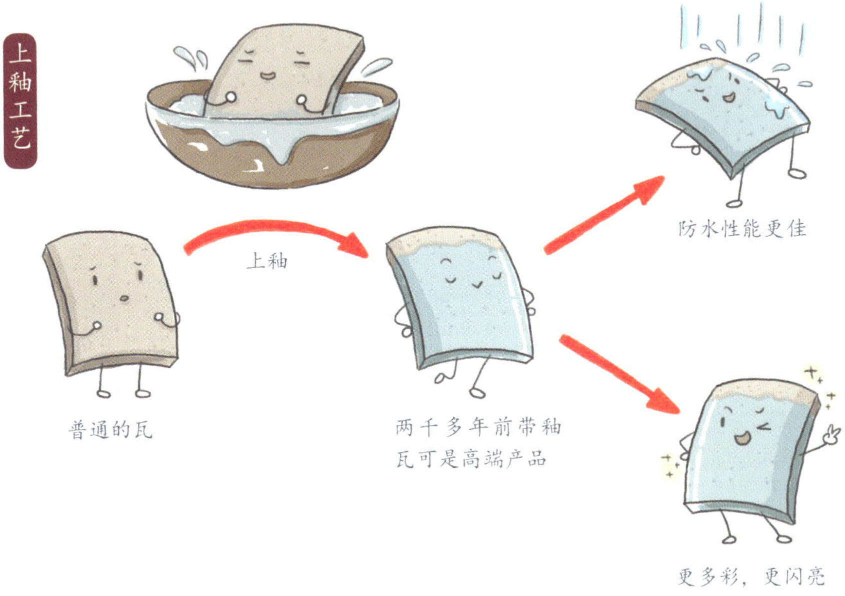

经科学检测，这些砖瓦的釉是以钠和钾为助熔元素的，属于当时我国极为罕见的碱釉。我国普遍用于陶瓷上的灰釉和泥釉，则以钙和铁为主要助熔元素。南越碱釉的化学特征与西方玻璃存在相似性。这种釉和在砖瓦上施釉的方法，很可能是当时通过海上丝绸之路从西方传入岭南的。

民国
清
明
元
宋
南汉
唐
南朝
晋
隋
西汉
南越国
东汉
秦

第七章
南越国兴衰

汉高祖刘邦建立汉朝，对南越国采取怀柔政策使其归顺。刘邦死后，吕后当政，下诏隔断汉越经济联系，南越王赵佗怒而称帝。直到汉文帝继位，南越国和西汉的关系才重归于好，但南越内乱的种子已经埋下……

南越五世

南越国从公元前 203 年立国至公元前 111 年国灭亡，共存在 93 年，历经五代君主：

一世：赵佗， 南越武王（武帝）
在位：67 年（公元前 203 年至公元前 137 年）

又称南越武帝，作为南越国的开国君主，赵佗不仅能干，把岭南地区治理得井井有条，而且是中国历史上寿命最长的君王。他活了一百多岁，等到要传位的时候，发现儿子们都不在世了，最后将王位传给了孙子赵眜。

二世：赵眜（史料多作赵胡），南越文王（文帝）
在位：16 年（公元前 137 年至公元前 122 年）

赵眜好不容易熬到爷爷去世了可以上位，闽越国就打过来了。他刚即位不久，全国民心、军心还不稳，只好向汉武帝上书求援。汉武帝派十万大军镇服闽越国，并以此让赵眜上京朝见。赵眜怕汉武帝把他扣在汉朝，就称病推辞，只让他的长子赵婴齐到长安做人质，这为日后南越国内部之乱埋下隐患。

三世：赵婴齐，明王
在位：10 年（公元前 122 年至公元前 113 年）

赵婴齐去长安之前，娶了越族世家之女，生了长子赵建德；去长安之后，又娶中原人樛氏，生下次子赵兴。赵眜死后，他回南越即位，宠爱小妾樛氏，立其为王后；不听大臣的劝告，坚持舍长立幼，立次子赵兴为太子，这种举动最终导致南越国覆灭。

四世：赵兴
在位：1 年（公元前 113 年至公元前 112 年）

赵兴即位时年纪尚幼，由樛太后掌权。樛太后决定归属汉王朝，同时为了取得汉武帝的信任，樛太后与赵兴还准备了大量的金银财宝，准备去朝觐汉武帝。这个决定遭到南越国越族大臣的反对，特别是三朝元老—— 丞相吕嘉。吕嘉起兵叛乱，赵兴才当了短短一年的南越王，就兵败被杀了。

五世：赵建德
在位：2 年（公元前 112 年至公元前 111 年）

赵建德是赵婴齐的长子，赵兴同父异母的哥哥，在位时间极短。丞相吕嘉叛乱杀死赵兴后，匆匆把赵建德推上王位。但这场叛乱让汉武帝找到出兵南越国的借口，在汉朝十万大军的进攻下，南越国最终覆亡，赵建德也成为南越国的末代君主。

城破国灭

公元前 112 年，汉武帝以南越国丞相吕嘉叛乱为借口，出兵南越国平乱。汉军分五路攻南越，楼船将军杨仆、伏波将军路博德指挥大军围攻番禺城。

汉军击败南越军后，纵火烧城，经营百年的王国都城轰然倒塌，成为一片废墟。昔日辉煌的南越国，从此湮没在茫茫历史长河中。现在南越国宫署遗址出土的不少文物有被大火烧过的痕迹，印证了史书中的记载。

在这片土地上，不同的朝代层层叠叠地留下了各自的痕迹。南越国宫署遗址处的文化层堆积普遍厚5～6米，自下而上分别有秦、汉、晋、南朝、隋、唐、南汉、宋、元、明、清到民国十三个历史时期的文化遗存，如同一部无字的编年史书，见证了广州这座历史名城两千多年的发展。

广州地层关键柱

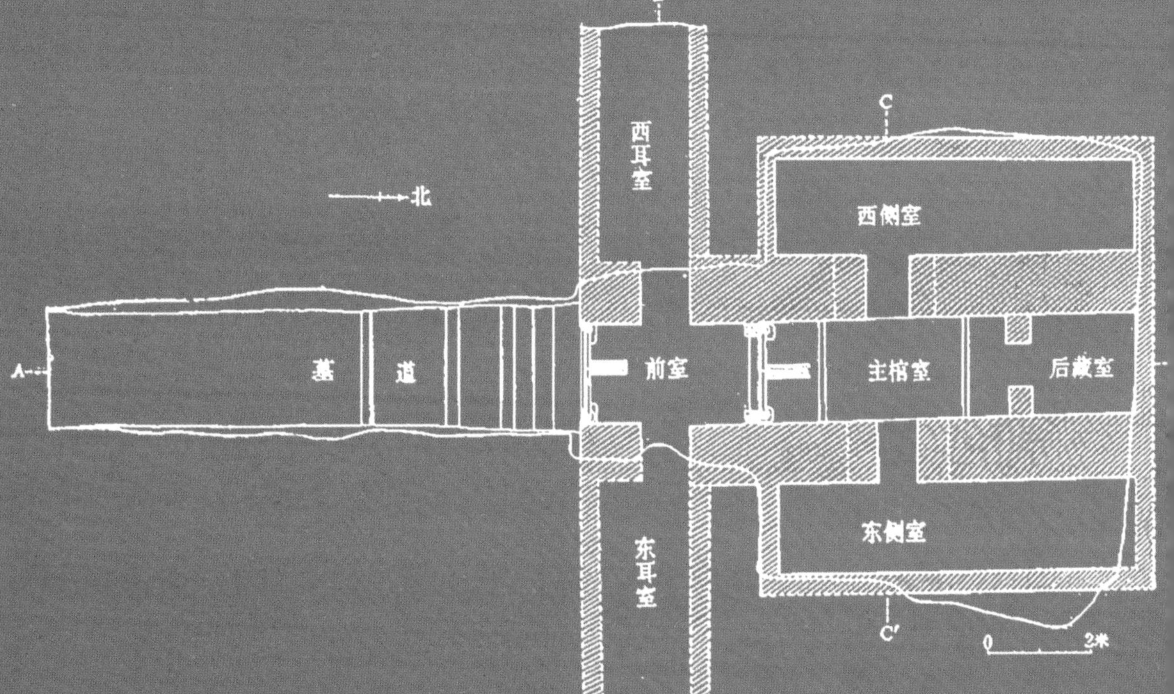

北
B
C
西耳室
西侧室
A
墓
道
前室
主棺室
后藏室
东耳室
东侧室
C′
B′
0
2米

第八章
南越文王墓

陵墓是封建统治者为延续其帝王生活而修建的地下宫殿。在广州市象岗山发现的南越国第二代王赵眜（胡）之墓，是迄今岭南地区发现的等级最高、规模最大、保存最好的汉代彩绘石室墓，被誉为“岭南文化之光”。墓中共出土一千多件（套）文物，集中反映了两千多年前南越国政治、经济和文化的发展状况。

丧葬观念

发现过程

1983 年 6 月 9 日，广州象岗的一处建筑工地上，施工队已将这座小山包削低了近 17 米。突然，工人的锄头碰到了硬物，清理后竟是一块巨大的石板。透过石缝，人们发现在山腹之中，还隐藏着一座地下建筑。经过考古队的勘探和科学发掘，最终确定这是南越文王墓，墓主人为南越国第二代王赵眜。沉睡千年的南越文王墓终于重见天日。

陵墓修建

为了在死后继续自己的帝王生活，南越文王赵眜选择在当时蕃禺城西北角的象岗修建自己的地下宫殿。象岗，是越秀山最西边的一座小山岗，海拔 49.71 米，这里背倚山峰，面临“芝兰湖”（今流花湖一带），地理位置优越。

南越文王墓凿山为藏。古人先在象岗上挖出约 3000 立方米的土石方；再从相距约 37 公里的莲花山古采石场，运来 750 多块红砂岩，砌筑起墓室的墙体；采自北郊飞鹅岭的 28 块大石板，被用作墓室的石门和顶盖石。墓室修建完成后再将山土回填，可见工程量之浩大。

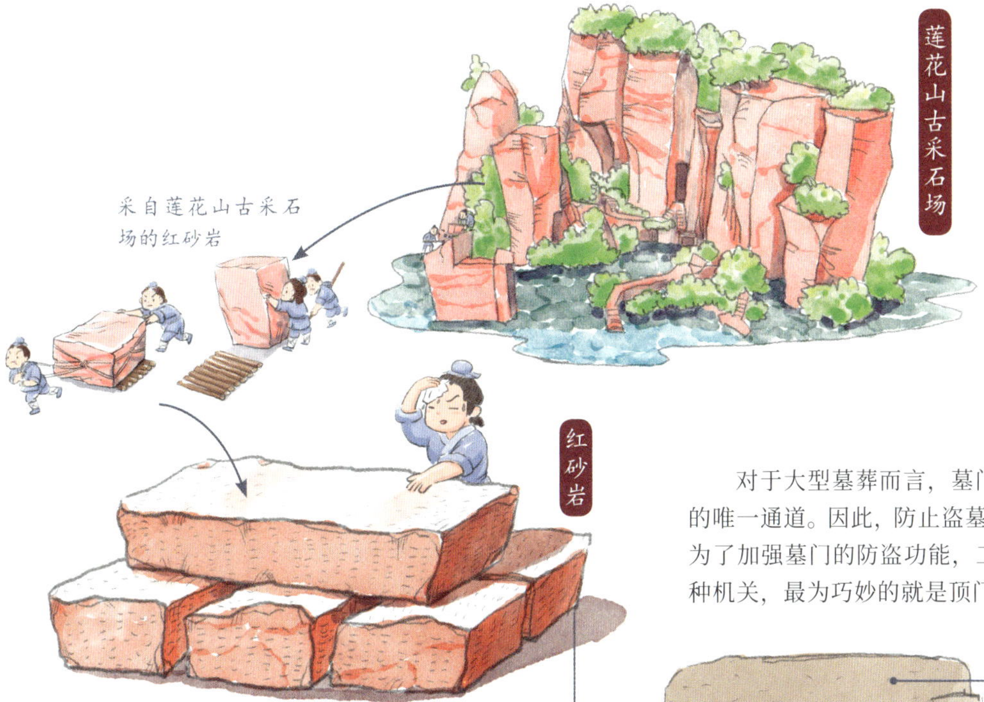

对于大型墓葬而言，墓门是进入墓室的唯一通道。因此，防止盗墓从墓门开始。为了加强墓门的防盗功能，工匠设计了各种机关，最为巧妙的就是顶门器。

墓门关闭过程中，中间的石板被压在门下，门顺利关闭

墓门关闭后，石板自动翘起，顶住墓门

南越文王墓的顶门器由五块类似“Z”字形的石板组成，并排嵌入地面，用一根横轴串联起来。两旁的石板略大，起固定作用；中间的三块石板前轻后重，能自动向上翘起。下葬完成后，工人离开墓室，从外关闭墓门后，就再也无法打开。这是利用简单的力学原理，保障墓室的安全。

探秘墓室

墓室概况

南越文王墓的建筑面积约100平方米，实用面积约66平方米，整体呈“士”字形，是坐北朝南的中轴对称建筑。墓室按照“前朝后寝”的格局建造，有前室、东耳室、西耳室、主棺室、东侧室、西侧室和后藏室。

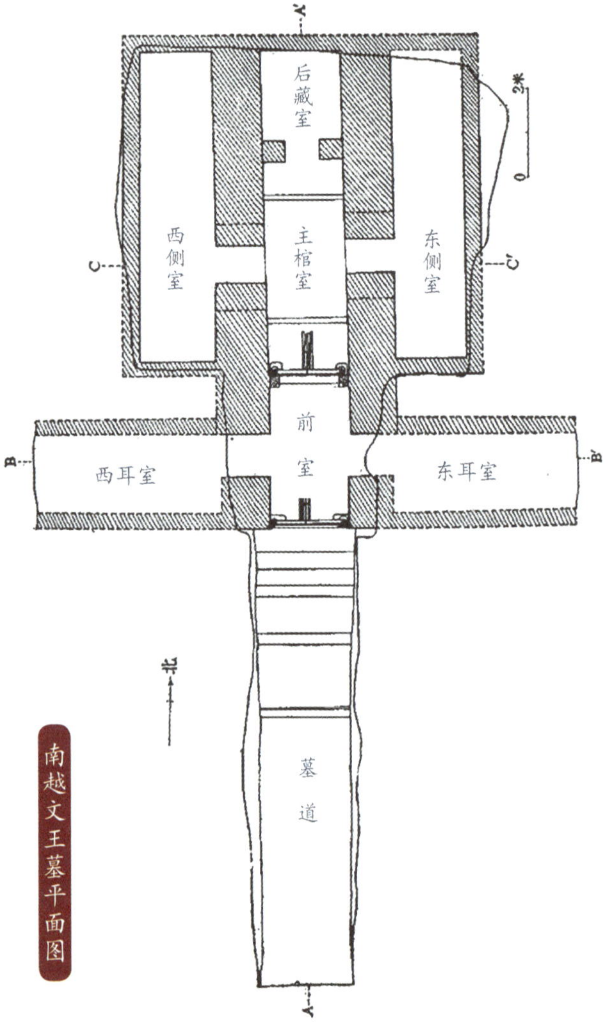

南越文王墓平面图

墓道

进入墓室前，要穿过一条长10.46米的斜坡形墓道。古人用泥土和大石块分层填塞墓道，以防止被盗掘。

事死如事生

古人崇尚“事死如事生”的丧葬观念，即人死后也要享受与生前一样的生活。帝王尤其重视墓葬的规格。南越文王赵眜不仅将自己的珍爱之物作为随葬品带入墓室，甚至还让生前服侍自己的人殉葬，以彰显权力和地位，这也是巩固皇权和加强封建统治的一种手段。

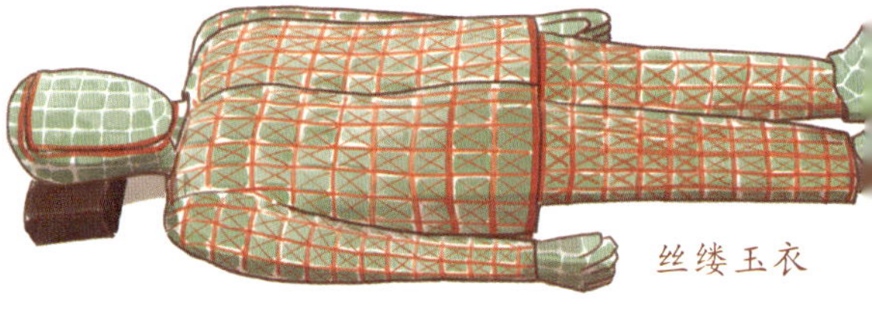

丝缕玉衣

主棺室

主棺室相当于南越文王生前的寝室。长约3.3米的棺椁占据了主棺室的大部分空间，当中安葬着身穿丝缕玉衣的南越文王。他头朝北、脚朝南，身旁摆满了各种随葬品，如“文帝行玺”龙钮金印、组玉佩、犀角形玉杯、银盒、铜铁兵器等。

西耳室

西耳室存放着南越文王生前使用的器具和珍玩，如礼器、兵器、车马器、生活用器、金银饰品、药物、玉器等。室内四周设有木架，各种物品叠层放置，摆放紧密，还有的物品被盛放在漆盒中或用绢、麻织物包裹。

错金铭文铜虎节

玉舞人

外藏椁

墓门外摆放长方形的外藏椁，里面放置仪仗式、陶瓮等器物。在外藏椁旁和墓道上，各有一个殉葬人，可能是南越文王的卫士。

前室

前室相当于南越文王生前住所的厅堂。四壁和顶部绘有红黑相间的卷云纹图案，寓意魂气升天。前室内发现一位殉葬人，旁边发现一枚“景（yǒng）巷令印”鱼钮铜印，可以推测这位殉葬人是处理王室家事的宦官。

墓道

“景巷令印”鱼钮铜印

“文帝行玺”龙钮金印

西侧室

西侧室内有 7 人殉葬，都没有棺木，只携带少量随葬品，这里应该是仆役的居所。西侧室的陶罐中发现“厨丞之印”的封泥，说明这些人可能是庖厨奴役。

后藏室

后藏室是储藏御膳和珍馐美味的库房。考古人员在这里发现了许多炊具、储盛器、盥洗器，如鼎、鍪、烤炉、瓮、罐等。器物中还盛放着家禽、牲畜和海产品，还有 200 多只已经去掉头爪的禾花雀。

蕃禺铜鼎

铜鼎

东侧室

东侧室为南越文王四位夫人下葬之处，分别是右夫人、左夫人、泰夫人、部夫人。每位夫人都佩戴着印章、组玉佩等随葬品，其中右夫人的随葬物既多且精，可以推测她的地位最高，也体现了南越国宫闱严格的等级制度。

夫人印章

铜钫（酒壶）

船纹铜提筒

船纹摹本

东耳室

东耳室象征着南越文王的宴乐场所。随葬品包括 14 件一套的钮钟、5 件一套的甬钟、8 件一套的勾鑃等乐器，以及提筒、钫、壶、瓿等酒器。室内还有一位殉葬人，推测其身份是乐师。

珠玉殓葬

南越文王酷爱玉器，从他的墓中出土玉器共244件（套）。其中，既有专门用于陪葬的丧葬用玉，又有赵昧生前使用的玉容器、装饰物等，种类丰富，工艺精湛，彰显了汉玉之美。

丝缕玉衣

古人认为，以玉敛葬，能使尸身不朽。南越文王赵昧下葬时，用丝缕玉衣包裹全身。这套玉衣长1.73米，分为头套、手套、鞋套、上衣、袖筒、裤筒等部分，共使用2291块玉片。

两汉时期，玉衣是皇帝和高等贵族下葬时所穿的特殊殓服。古人希望自己死后灵魂不会逸散，肉身也要保持完整。据古籍记载，玉衣有金缕、银缕、铜缕三种，按身份等级使用。赵昧的玉衣并非以上三种，而是以丝线缝缀联结玉片，故名“丝缕玉衣”。

铜承盘高足玉杯　鎏金铜框玉盖杯　犀角玉杯

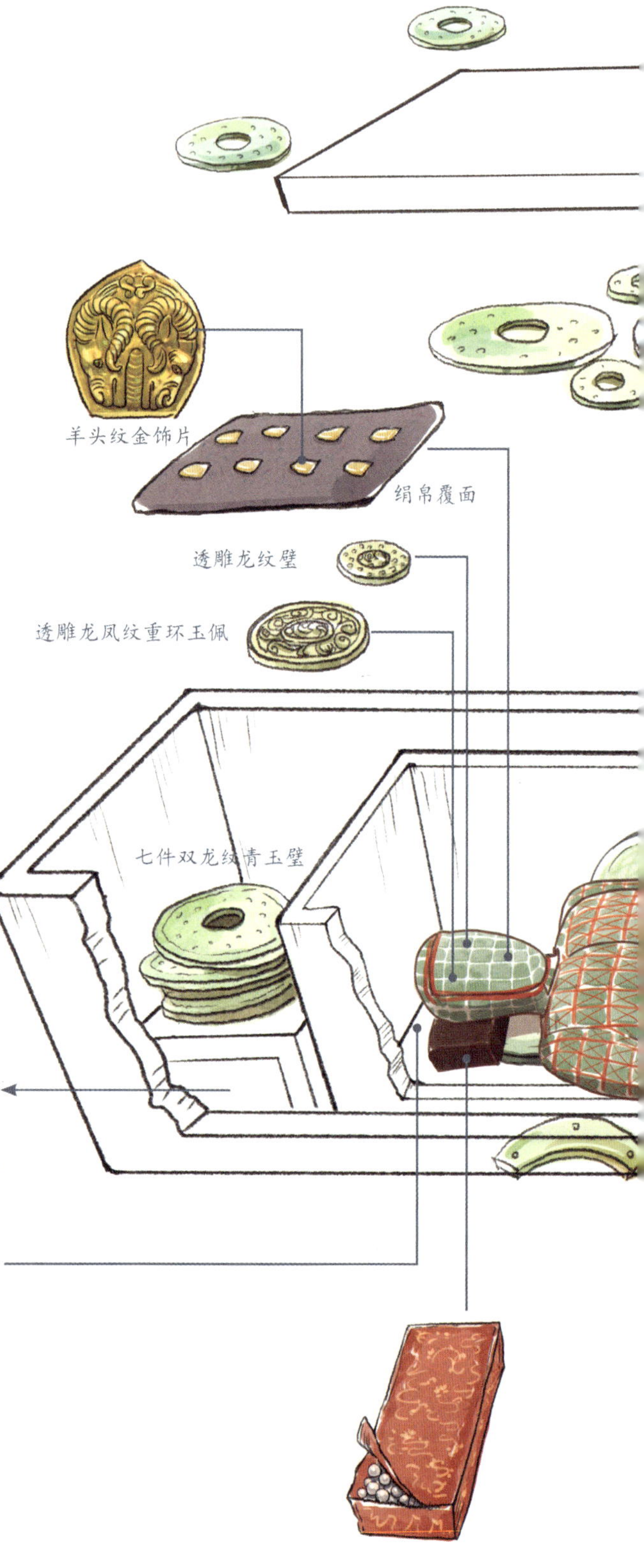

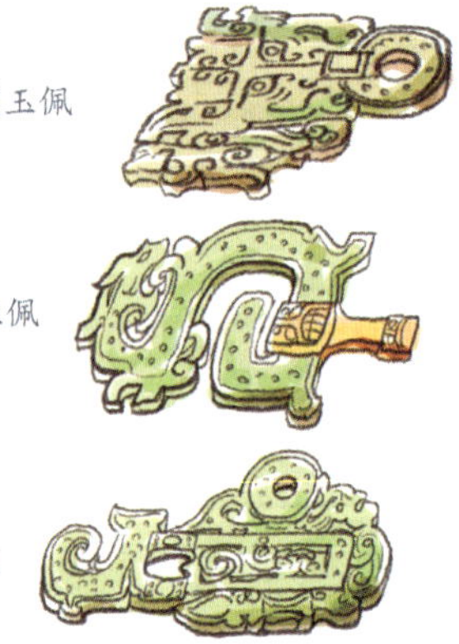

兽首衔璧玉佩

虎头金钩扣龙形玉佩

凤纹牌形玉佩

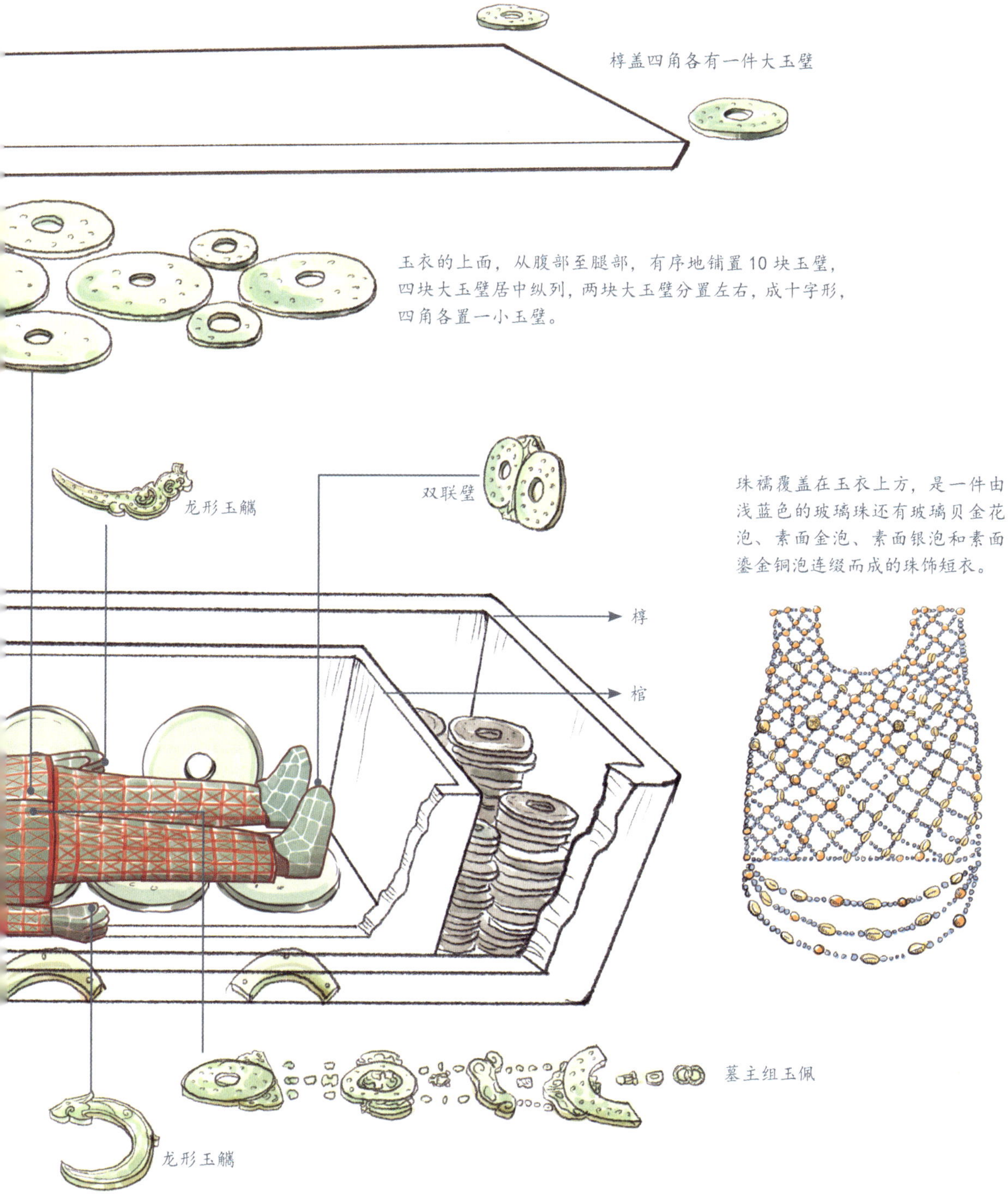

珠玉在侧

南越文王墓是目前考古发现单体墓葬中出土珍珠最多的：南越文王口含的珍珠、头枕的珍珠枕、头箱中的珍珠，一共搜集到 4000 多克（钙化严重）。曾属南越国管辖的广西合浦县，是历史悠久的珍珠产地。古时候，珍珠作为非常宝贵的资源，只有王公贵族才能享用。

双身龙纹青玉璧

沟通天地

南越文王墓共出土玉璧 71 件，在西汉墓葬中首屈一指，其棺椁内外、玉衣上方、玉衣与身体之间，放置了许多大小不一的玉璧，最大的一块直径为 33.4 厘米。

玉璧是中国传统的礼器之一，被视作“天”的象征。古人认为，玉璧中间的圆孔是与“天”沟通的通道。南越文王用玉璧围绕全身，希望能借助它引导灵魂升天。

除了丧葬专用的玉衣、玉璧，南越文王生前使用的珍爱之物，如角形玉杯、高足玉杯、重环玉佩、龙虎形玉带钩等，也被带入墓中，无不展现出南越文王的爱玉之心与奢华生活。

透雕龙凤纹重环玉佩

龙凤呈祥

南越王博物院的院徽——透雕龙凤纹重环玉佩，采用透雕技法，镌刻出龙凤纹和套环。龙纹位于内圈，两爪探出，紧抓外环壁。凤纹处在外圈，在龙的前爪上昂首矗立，与龙回首相望，象征龙凤呈祥。

铜承盘高足玉杯

银制兽首

三瓣形玉片托架

高足玉杯

铜承盘高足玉杯表面饰有勾连涡纹，中间的三条龙口衔花瓣形玉片，形成托架。龙首为金，龙身为银，嵌入底部的铜承盘上。铜承盘三足铸有猛兽，侧面以银制兽首装饰。

古人认为，饮甘露、服用丹药和玉屑可以长生不老。结合南越文王墓出土的药具和大量药丸，佐证赵眜有服用丹药的习惯，这件高足玉杯可能是他饮用甘露的容器。

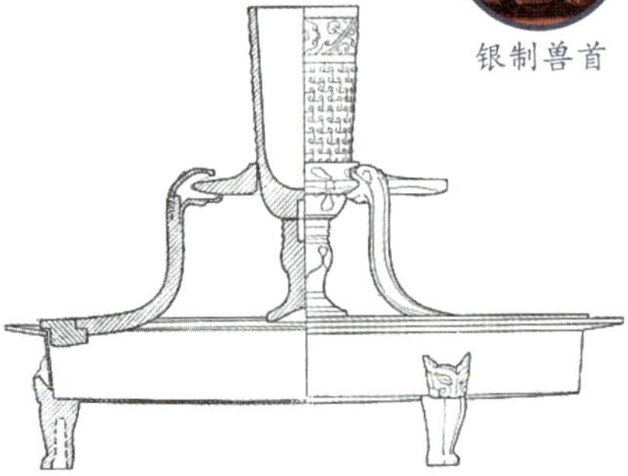

铜承盘高足玉杯结构示意图

▸觥筹交错◂

玉衣头套的上方，平放着南越文王的酒杯——犀角玉杯。此杯仿照犀牛角的形状打造而成，古人相信犀牛角可以溶解毒物。

玉杯表面刻着神话动物夔龙，龙头位于杯口，身体盘旋而下，龙尾从杯底翘起，集多种雕刻手法与工艺于一体。这只玉杯既是汉玉雕刻的巅峰之作，也是南越王博物院的镇院之宝。

犀角玉杯

神话动物夔龙

▸龙争虎斗◂

龙虎并体玉带钩是南越文王束衣带的装饰品，相当于现代人的皮带扣。玉带钩钩首为虎头，钩尾为龙头，争夺中间的玉环，形成龙争虎斗的画面。

龙虎相争是南越文王墓玉器的常见题材，此类玉器佩戴在身上，既体现出佩戴者地位崇高，又有实用价值。

龙虎并体玉带钩

▸环佩叮当◂

墓主组玉佩位于南越文王的玉衣上，是南越文王墓出土的11套组玉佩中最为精美华丽的一套。

组玉佩从西周开始盛行，由多件玉佩串联成组，佩戴时使人不便疾行，以规范礼仪，展现谦谦君子之风。

汉代，组玉佩已趋于简化，而南越文王墓仍发现大型组玉佩，可见南越国仍保留着先秦时期的用玉传统。

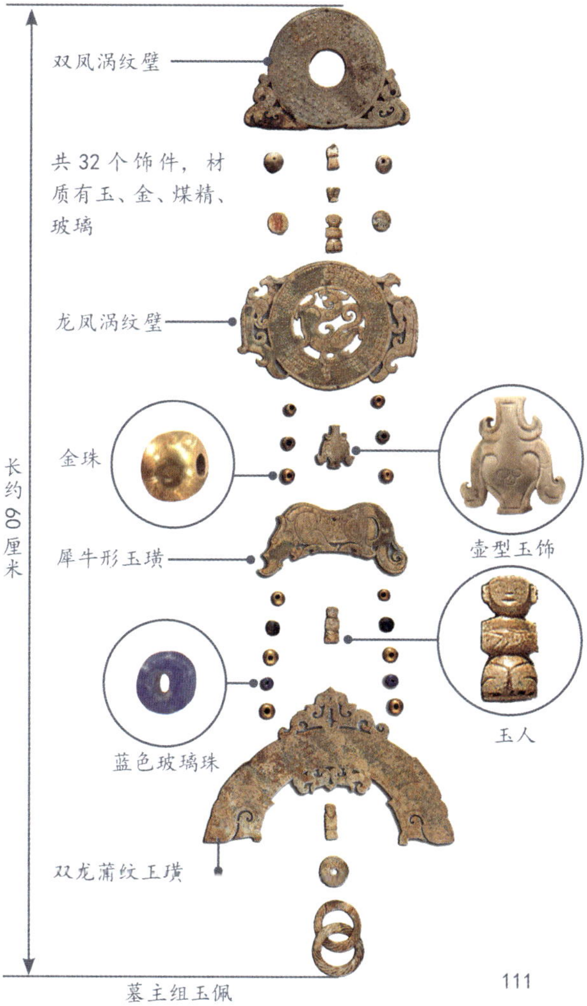

墓主组玉佩

墓中印迹

南越文王墓共出土 23 枚印章，材质有金、铜、玉、水晶、玛瑙、绿松石、象牙 7 种，其中有 11 枚刻有印文。

这些印章的发现，一方面为考古人员判断墓主人和殉葬人的身份提供了直接依据；另一方面也展示了南越国独特的用印制度，为研究南越国史、汉越融合起到补充、佐证的重要作用。

金印

铜印

玉印

水晶印

玛瑙印

绿松石印

象牙印

古代官员佩挂印绶，即用丝带穿系印章，佩戴在身上。印章是古人身份的凭证，印章顶端的带孔雕饰，称为印钮，常见的有龟钮、鼻钮、覆斗纽等。

皇帝专用的印称为玺，是至高权力的象征。

文王印章

南越文王墓共发现 5 枚刻有印文的墓主印章。其中,“文帝行玺”龙钮金印和“帝印”螭虎钮玉印非常特殊，是南越文王僭越礼制的体现。

“文帝行玺”龙钮金印边长 3.1 厘米，远大于同时期官员所用的“方寸之印”（边长约 2.3 厘米）；“文帝”属于皇帝的谥号，却被赵眜用来自封；“行玺”则为皇帝发布诏令时使用。“帝印”螭虎钮玉印更是南越文王称帝的有力证据，反映了赵眜对外称臣、对内称帝的事实。

“文帝行玺”龙钮金印

边长 3.1 厘米，重 148.5 克，是目前发现的西汉最大的金印，也是证明墓主人身份的关键物证。

“赵眜”覆斗钮玉印

这枚印章确定了墓主是南越文王赵眜。

“帝印”螭虎钮玉印

边长 2.3 厘米，是史书记载南越文王称帝的有力证据。

“泰子”龟钮金印

“泰子”即“太子”，南越国与中原王朝一样，有预立太子的制度。此外，墓中还发现一枚“泰子”玉印。

殉人印章

除南越文王的印章外，部分陪葬的夫人、仆从身旁，也出土了各自所用的印章，成为推断殉人身份的重要凭证。

“景巷令印”鱼钮铜印

“景巷令”（“景”通“永”）即永巷令，是秦汉时期掌管王室家事的官职。南越国仿照秦汉的宫廷制度，也设立了“永巷令”一职。

“右夫人玺”龟钮金印

东侧室出土了四位夫人的印章。从印章的材质和印文来看，“右夫人玺”龟钮金印别具一格，这位“右夫人”应当是四位夫人之中地位最高者。

封　检

除了表明身份外，印的另一用途是封检。

在纸张广泛普及前，古人用简牍作为主要的书写材料。长条形较窄的竹片称为简，较宽的木片称为牍，合称为简牍。

为了让书写的内容保密，古人使用封泥进行封检。“检”是盖在简牍上的一小块木板，相当于书信的封套。用绳子将检与简牍捆在一起，在绳结处押上黏土，并加盖印章，称为封泥。一旦有人擅自开启，就会留下痕迹。

早期，封泥大多直接押在检的表面，称为“平检”，封泥的形状呈不规则的扁圆形。后来，为了让封泥更牢固，古人不断改进封检的方法，在检的表面挖出凹槽，称为“玺室”。封泥填入凹槽中，四边受到约束，既显得比较方整，又能达到最牢固的封检效果。

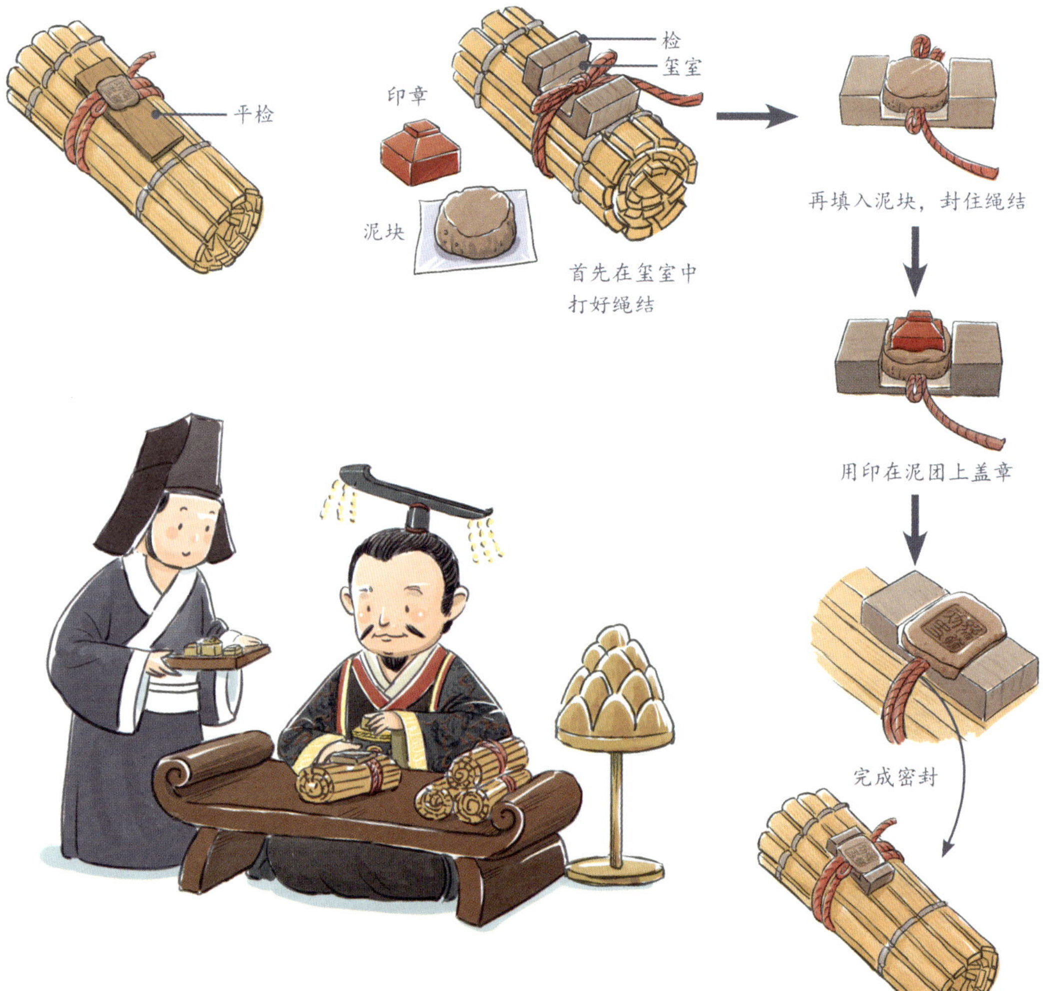

用封泥封竹简的步骤

多数封检上只押 1 枚封泥。书牍内容重要的，可押多枚封泥，押 2 枚封泥，称为“重封”；押 3 枚的称为“参封”；押 4 枚的称为“累封两端”；押 5 枚的则称为“五封”。

一坨泥巴

考古人员在南越文王墓中发现数十块封泥。这些封泥被用于封检赵眜的随葬物品，上面的印文保留着丰富的信息。

“眜”字封泥

这枚封泥出土于西耳室，“眜”即南越文王赵眜，表明一些陪葬品是南越文王在世时亲自督办的。

“帝印”封泥

这枚“帝印”封泥出土于西耳室，与“帝印”螭虎钮玉印，在印文上有微小的差别，可见南越文王当年至少有两枚“帝印”。

“泰官”封泥

这款封泥在西侧室、后藏室均有出土。“泰官”即“太官”，是掌管南越文王饮食的官员。

“厨丞之印”封泥

这枚封泥出土于西侧室。“厨丞”是掌管王后、太子饮食的长官。

发现和发掘

悬空发掘

赵昧下葬时，大量随葬品被带入地下，西耳室发现的随葬品尤其丰富。为了不破坏文物，发掘墓室时，考古人员用竹木在发掘区域上方搭建了架子，考古人员是趴在上面，俯身进行发掘的，避免踩踏文物附近的填土。

前室

主棺室

悬空发掘

玉衣整取

在主棺室，考古人员找到了棺椁的位置，发现了身穿玉衣下葬的南越文王。由于玉衣上的丝线已经腐朽，玉片散落一地。为了便于日后的修复和研究，考古人员决定将玉衣按原状提取出来。

考古人员用许多薄竹签横插在玉衣底部，沿着竹签的方向插入锌铁板，兜起玉衣散落的区域。接着，在玉衣表面铺上柔软的棉纱纸，外围套上大木箱，空隙处灌入石膏定形。玉衣就像“三明治”一样被夹在中间，然后被运送到社科院进行修复。这件玉衣是迄今为止汉代考古发现的唯一一件形制完备的丝缕玉衣。

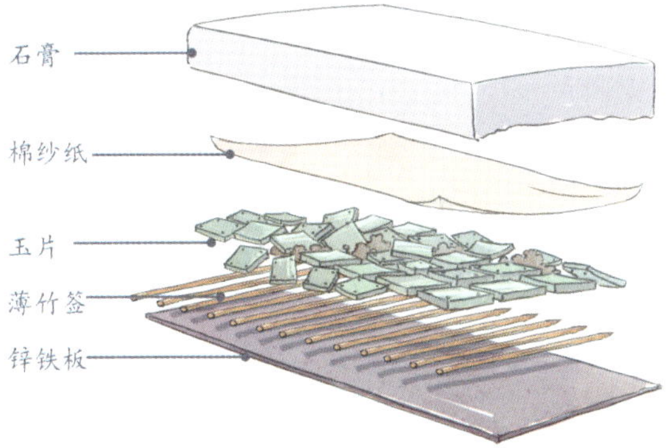

玉衣整取示意图

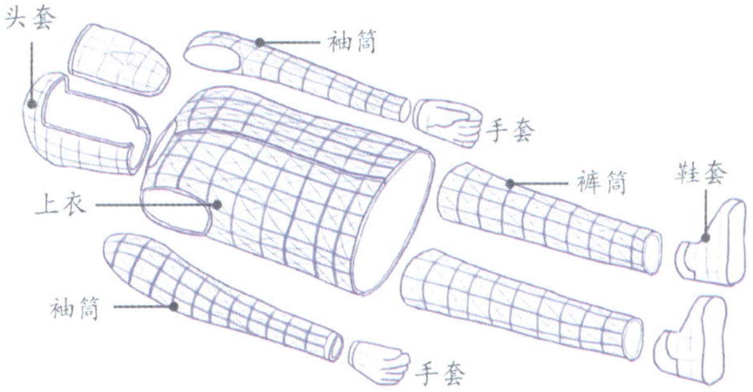

玉衣结构示意图

后藏室

西耳室

东耳室

南越国遗迹

经历两千多年的沧海桑田，在今天的广州市越秀区内，同时发现了南越国的王宫、王墓和水闸遗址，在国内外均属罕见，因而显得格外珍贵。南越国宫署遗址、南越文王墓和南越国木构水闸遗址是目前广州发现的最重要的南越国时期遗迹，是广州历史文化名城的精华所在。

南越国宫署遗址

南越国宫署遗址位于广州市越秀区中山四路。20 世纪 90 年代在城市基础建设过程中，考古人员意外地发现了南越国时期的大型石构水池和曲流石渠遗迹，后又在当时的儿童公园发现了两处南越国宫殿的遗迹，此外还有秦、汉、晋、南朝、隋、唐、南汉、宋、元、明、清到民国共十二个历史时期的遗迹、遗物。2014 年 5 月，对该遗址实施保护和展示的南越王宫博物院正式落成开放。

南越文王墓

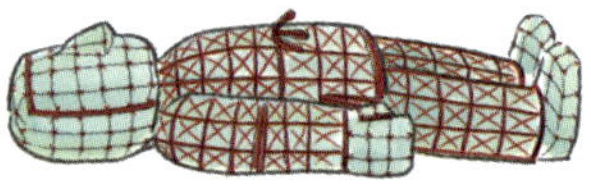

西汉南越文王墓是西汉南越国第二代王赵眜的陵墓，位于广州市解放北路象岗，发现于 1983 年。这是岭南地区发现的规模最大、出土文物最丰富、年代最早的一座彩绘石室墓。发掘后即对墓室原址进行原状保护，并依托墓室建立了博物馆。

南越国木构水闸遗址

南越国木构水闸遗址，位于广州市西湖路光明广场负一层，距南越国宫署遗址仅 500 米。这是南越国时期的都城南城墙的一处大型的防洪排水设施，是迄今世界上发现年代最早、规模最大、保存最完整的一处木构水闸遗存。

南越王博物院（王墓展区）
南越王博物院（王宫展区）
新大新
人民公園
永汉电影
北京路

南越国在中国久远的历史长河当中，虽然只经历了短短的九十三个春秋，却在岭南乃至中国文化史上留下了不可泯灭的独特印记。

秦至汉时期是广府文化雏形形成阶段，汉人入越，带来了先进的文化和生产力。其中南越国所处的历史时期是岭南文明的奠基时期，也是广府文化的萌芽期。

赵佗在汉帝国疆土的边缘成功确立了地方政权，并积极推进民族和睦政策，原南越文化逐渐融入汉文化。经过南越国近百年的发展，岭南终于跟上了中原发展的步伐。

通过考古学者的研究，两千多年前的文物仿佛跨越时空，重新鲜活地展现在大家面前。

我们仿佛看到了南越先民劳动和生活的场景，南越先民也给我们带来了启示：开放、兼容、务实。

南越国的历史虽然已经成为过往，但对于广州这一座历史文化名城来说，正是两千多年前的岭南大开发促进了它的飞速发展，确立了它的重要地位。

岁月流逝，历史的车轮滚滚向前，南越之后的广州，经历千年，沧海桑田。同一片土地上，新的时代总会有新的故事发生。

将来，又会有谁来发现我们的故事呢？

后记

在写这段文字的时候，此书还在出版社责编和博物馆专家手中进行最后的校对，而大话国团队也在紧锣密鼓地为此书做修正和宣传工作。

回想起来，大话国团队以往每做一本书都需要将近一年的时间。这本《新游南越国》也不例外。从选题策划、采风考察、资料搜集、大纲拟定、文字编写、插画绘制、排版设计、三审三校到后期的宣传推广，我们团队都不遗余力地进行。

可以说，整个创作过程是一段艰辛而又快乐的时光。艰辛是因为我们看到的每张图背后都有相当于其展示信息的几十甚至几百倍的资料支撑。由于对考古领域的陌生，大话国团队需要不断查资料翻古籍，请教专家，反复求证，每天上班都来一场学术辩论，下班回家还恶补地理、历史知识。正是这些资料支撑着整个团队的创作。快乐是因为这的确是一段精彩、令人满足的日子，每天脑袋都被新知识塞满。团队成员经常为一个问题争得面红耳赤，又为解决了问题而欣喜不已。

在此要感谢南越王博物院对大话国团队的信任，也感谢广州出版社的支持，让深沉的千年往事变成有趣的绘本。

创作过程中，我们还经常在微信公众号分享更多精彩的延伸内容，欢迎关注与互动。

希望这本充满研究精神的用心之作能为读者带来阅读的乐趣。

老廣新游

大话国

大话国创作团队

★ 王大欣　　★ 岑小可　　★ 斯　敏

★ 小　菁　　★ 公　仔　　★ 孙　孙